幸せな大人になれますか

前野隆司

小学館
Youth
Books

はじめに

人は皆、幸せに生きられる。いや、皆が幸せに生きるべきだ。

私はいつもそう考えています。

しかし、残念ながら、この社会には幸せではないと感じている人がたくさんいます。どんなにお金を稼いでも、たくさん働いても、偏差値の高い大学や有名な会社に入っても、自分は幸せではないと感じている人がとても多いのです。

では、どうしたら幸せになれるのか。そもそも幸せとは何なのか。どうしたら自分の人生に満足できるのか――それを分析し、検証するのが「幸福学」という学問です。

幸福学とは、人はどんな状態で幸せを感じるのか、人の感じる幸福を最大化するためにはどうしたらいいのか、反対にどうしたら不幸になってしまうのかなど、幸せになる方法を科学的に研究・検証する実証的な学問です。

もともと幸せについての研究は、古来、哲学や宗教の分野で行われてきました。

哲学者や宗教者たちは何世紀にもわたって「人はどうしたら幸せになれるのか」を問い続けてきたのです。科学が進歩したおかげで、１９８０年代頃からは世界中で幸福の科学的研究が行われるようになり、認知科学や応用科学、心理学、統計学などの分野で幸福に関する科学的な知見が蓄積されてきました。

しかし、「幸せなんて、漠然とし過ぎている」と感じる人もいるかもしれませんね。それに、人によって幸せも違います。毎日サッカーができるのが幸せと感じる人もいれば、アニメのフィギュアに囲まれていることこそ幸せという人もいるでしょう。ただし、幸せの形は人それぞれでも、人間の脳には幸せを感じるための基本的なメカニズムが存在するのではないか、と考えるのが幸福学です。

たとえば、宝くじで大金が当たったとします。

大金が入ったら欲しいものが買えるし、嫌な仕事をしなくてもいいかもしれない。「やった、ラッキー！」と感じる人は多いでしょう。

しかし、アンケート調査や脳計測などを行ってみると、大金が入ることによる幸せは長続きしないことがわかっています。宝くじに当たっても、1年後には、その幸福感はすっかり元に戻ってしまうのです。

あるいは、自分と周りを比べて自分の方が友だちより豪華なものを持っているとか、自分の方が良い学校に行っているとか、人より成績が良いなど、人との比較で幸せを感じることがあるかもしれませんが、そうした幸せも、持続時間の短い満足感でしかありません。しかも人との比較には際限がないので、今はどんなに幸せを感じていたとしても、それを超えるものが目に入ると満足度は下がってしまいます。

こうした脳の傾向やクセ、つまり人が幸せを感じる基本的なメカニズムを知ることによって、幸せの形は多様でも、それぞれの人が幸せと感じる人生へ近づくことができるのです。このように現代の知見を結集して、人が幸福に生きるとはどういうことかを科学的に検証していくのが幸福学です。

もともと工学者としてロボットや脳科学の研究をしていた私は、ロボットの「心」の研究をするようになりました。しかし次第に、ロボットの心よりも人間の心を研究して、「どうすれば人は幸せになれるのか」を工学的に明らかにしたいと考えるようになったのです。

現在は大学院で幸福学の研究をしながら、多数の企業とコラボレーションをしたり、講演をしたり、学校で幸せの授業をしています。また、幸福度をアップしてストレスを減らすワークや心を穏やかにするワーク、レジリエンス（困難や脅威に直面しても、うまく適応する力や折れない心）を高めるワークなどの研究もしてきました。


そんな私が今、気になっているのは、日本の子どもや若い世代の自信のなさです。大学院で指導している学生や授業やワークで出会う学生と話すと、それぞれにやる気や活気があり、幸せそうな人も多いと感じます。

しかし、後ほど紹介するように、さまざまな調査やデータを見ると、日本人の子どもの自己肯定感は非常に低く、自信を持てないという人の割合が高いのです。

一方で、考えてみれば日本の中高生の学力は世界でトップクラスです。２０２０年に発表されたユニセフの「子どもの幸福度調査」によると、「身体的健康（死亡率の低さや肥満の子どもの割合の少なさなど）」も、世界で１位。学力もある。健康も優れている。なのに、なぜ自信を持てないのでしょう？

大人だってそうです。ＧＤＰ（国内総生産）では世界３位の経済大国なのに、日本人の幸福度の低さは世界で突出しています。

皆さんも気になっているかもしれませんね。自分の周りには幸せそうな大人なんて一人もいない、と。

また、こんなふうに考えている人もいるかもしれません。小さな頃は何も悩むことなどなく、周囲の人から愛されて幸せだったのに、大きくなるにつれて嫌なことや面倒なことがどんどん増えてきた。友だちとのトラブルや人間関係のこじれ、進路での悩み、テストの失敗、失恋……これから就職もどうなるかわからないし、仕事だって大変そうだ。大人になるなんて、ただ辛いだけ——。

私が本書を書くことにしたのは、そんなふうに考えているかもしれない若い人に、幸せに生きていくための方法を伝えたいと思ったからです。

そして、心からこう言いたいのです。

大丈夫。そのままのあなたで大丈夫です。皆、それぞれ素晴らしい個性とポテンシャル（潜在能力や将来の可能性）を秘めています。

世界中で研究されている「科学的に幸福になる方法」を知り、あなたが心から「幸せになろう」と思ったら、今は眠っているポテンシャルが発揮され、幸せな人生を歩むことができるのです。

その手助けとなるのが幸福学です。

本書は、以下のような構成になっています。

第1章では、幸せとはどういうことかをまとめます。

第2章では、幸せな人に共通する「4つの因子」について紹介します。

第3章からは、若い世代が悩みがちな問題に焦点を絞ります。一つは「人と比べられる苦しみ」。先ほども言いましたが、人と比較していたら本当の幸せには近づきません。第3章では、どうしたら他人との比較から抜け出せるのかを考えます。

第4章は、若い世代にとってもう一つの大きな問題である、人間関係や孤独について。友人や家族、周囲の人とのつながりの力についてお伝えします。

第5章では、幸せになるためのレッスンを紹介します。幸せは健康と一緒で、一気に変われるわけではありませんが、短期間で効果の出るものもあります。今できることから少しずつ積み重ねていきましょう。

繰り返しますが、すべての人がそれぞれに素晴らしい個性を持っています。自分の個性を信じることで、あなたらしい幸せを手に入れることができるのです。

本書は特に若い世代に向けて書きましたが、幸福学は何歳からでも実践できます。大事なのは、まずあなた自身が「幸せになろう」と思うこと。ただそれだけです。そこからあなたの幸せな人生が始まるのです。

子どもも、大人も、みんな、必ず幸せになれます。幸福学を学ぶなら。

本書が、これからのあなたの人生のささやかな指南書になることを願っています。

幸せな大人になれますか・目次

第1章　幸せってなんだろう

幸せは幸せを呼ぶ

「はじめに」で触れたように、「幸福学」というのは現代の知見を結集して、人が幸福に生きるとはどういうことかを科学的に検証する学問です。

しかし、幸福学の話をすると、興味を持つ人もいる一方で、こんな反応をする人もいます。

まず、「幸せなんて定義できるものじゃない」とか「それぞれの人の主観的なことだから、学問にはならない」という反応です。

しかし、近年、幸福学の研究は進み、世界中から1年間に1000篇ほどの研究論文が発表されるほど注目される分野になりました。そのため、新しい知見もどんどん明らかになっています。後で紹介しますが、各人の主観的な幸福感を統計的・客観的に測る研究も進んでいます。ですから、幸せを科学的に分析することもできるし、幸福になるための方法も科学的にわかっていると言えるのです。

また、こんな見方をする人もいます。

「幸せなんて、結果論だから考えてもしょうがない」。人はいろいろな出来事が起きた「結果」として幸せや不幸を感じたりするのだから、何かが起こる前に、幸せになる方法を考えても仕方がないという考え方です。

しかし、**幸せは「結果」でもありますが、「原因」でもある**ということが、幸福学の研究からわかってきました。

どういうことかというと、幸せな心の状態を保っている人は、そうでない人に比べて創造性や生産性が高く、利他的（他人の幸福や利益のために尽くすこと）で、やる気やチャレンジ精神に富み、健康で長寿になる傾向があります。ですから、**幸せな心の状態でいれば、それが原因となって、また良いことが起きるという好循環が起きる**のです。

つまり、幸せは幸せを呼ぶ。「幸せになろう」と努力することによって、人生がより良い方向へ進んでいき、さらに幸せになっていくということです。

ハピネスとウェルビーイング

ところで、先ほど「幸せなんて定義できない」という声を紹介しましたが、確かに幸せは人によってそれぞれ違います。

たとえば、「十分なお金があること」、「好きな人と一緒にいられること」、「穏やかで何もない毎日が続くこと」、「楽しいイベントがたくさんあること」、「死ぬ瞬間に、ああ、いい人生だったと思えること」。これらは私が今までいろいろな方に聞いてきた幸せの形です。幸せについては、皆がさまざまな考えを持っています。

しかし、幸福学では、ある程度、幸せの定義を明確にしています。

たとえば美味しい食事をした時に満足感を覚えたり、ゲームで高い得点を出した時に爽快感を感じたり、スポーツをしている時にワクワクしたり、テストで良い点を取った時には達成感を感じたりしますよね。

そのような感情的に幸せな状態のことを、英語では「ハピネス（happiness）」と表現します。「楽しい」とか「嬉しい」といった意味合いで使われる言葉ですが、こうした感情というのは、それほど長く続くものではありません。

それに対して、もう一つ「ウェルビーイング（well-being）」という言葉があります。「ウェル」は良い、「ビーイング」は状態という意味ですから、ウェルビーイングとは「良い状態」という意味で、辞書を引くと「幸福、福利、健康」とあります。身体面と精神面が満たされた広い範囲での幸福を示す言葉です。

幸福学が目指すのは、このウェルビーイングの状態です。ハピネスは長続きしませんが、ウェルビーイングは長続きする幸せです。

今、皆さんの心の状態は、良い状態でしょうか？　イライラしたり、腹が立っていたり、くよくよしたりしたら、それはウェルビーイングではない状態です。

一方、ウェルビーイングな状態というのは、気持ちが落ち着いていたり、やる気やチャレンジ精神にあふれていたり、周りに感謝していたり、誰かと一緒にいる幸せをしみじみと感じているような状態です。

もしかしたら、今、悩みやストレスを抱えているという人もいるかもしれませんね。

でも、悩みが一つもないという人はきっと少ないはずです。誰だってテストの前にはストレスを感じるし、友だちとの関係で悩んだり落ち込んだりする日もありますが、そうした多少の嫌なことがあっても、それらに押しつぶされることなく、落ち着いて向き合っていられる状態なら、ウェルビーイングな状態と言えます。**すぐに消えてしまうハピネスよりも、長く続くウェルビーイングを目指す。**それが幸せのための第一歩なのです。

日本人は幸せ？　不幸せ？

ところで、幸福というキーワードでよく出てくる話題に「日本人の幸福度が低い」というものがあります。

たとえば、毎年3月20日に国連が発表している「世界幸福度報告書」。さまざまな国の人にどれほど幸福を感じながら生活しているかをアンケートで聞くものですが、直近の２０２２年は、日本は54位。２０２１年の56位からはわずかに順位を上げましたが、G7（先進7カ国）の中では最下位でした。

5年連続で1位となったフィンランドをはじめ、2位のデンマーク、3位のアイスランドなど、毎回ランキングの上位を占めるのは北欧の国々です。

これは自分の生活の満足度について答えてもらうアンケート調査ですが、0点が最低の生活、10点を最高の生活とした時、自分の生活は何点なのかを11段階の中から答えてもらい、各国の平均値を順位付けするものです。

こうしたアンケート調査の際、日本をはじめとするアジアの人々は、真ん中の5点付近に点数を付ける人が多くなります。一方、欧米では8点付近に点数を付ける人が多いことが知られています。特に日本人の答えには謙虚な性格が出ていると考えることもできますから、単純に国際比較できない面もあるでしょう。

また、アンケートの質問も、聞き方や訳し方によってニュアンスが違ってくることもあります。

ですから、この数字はそれほど深刻に捉えることもないと思うのですが、それでもヨーロッパ、特に北欧の国々がいつも上位にいるのは事実です。

フィンランドやデンマークなどの国々に共通するのは、福祉政策が充実していることです。また、基本的には教育費も医療費も無料です。安心して暮らせるという点が幸福度を押し上げている一因かもしれません。

それから、北欧の人たちと接していて思うのは、働く時間が短いということです。夕方5時くらいまでに多くの職場は空っぽになってしまいます。日本人のように夜遅くまで働いていません。

こうした国々でなぜ短時間労働が通用するのかといえば、生産性（一定の時間内に生み出した成果物の量）が高いからです。たとえば、２０２０年のフィンランドの１時間当たり労働生産性は70・１ドルですが、日本は49・５ドルなので、日本の約１・４倍の生産性があるということです。

つまり、そんなに長く働いていないのに生産性や幸福度が高いのが、北欧の国。

では、日本はどうでしょう。

ＯＥＣＤ（経済協力開発機構）の統計で、男女を合わせた平均労働時間は世界主要国の中で22位（２０１８年）ですから、それほど長時間労働ではないように思いますが、これは非正規社員や短時間労働のパートタイムワーカーも含まれた数字です。日本では女性に非正規社員やパートの方が多いので、男性の平均労働時間を国際比較してみると、日本はＯＥＣＤ諸国で１位です（２０１４年）。

このように、どの国よりも長い時間働いているのに、生産性も幸福度も低いのが日本です。私たちは何のために一生懸命働いているのかと、ちょっと悲しい気持ちになってしまいますね。

大人だけではありません。

先ほども少し触れましたが、２０２０年のユニセフ「子どもの幸福度調査」によると、日本の子どもの「身体的健康」は先進国38カ国で1位なのに、「精神的幸福度」はなんとワースト2位の37位です。

日本は「自分の生活に満足している」と答えた子どもの割合がもっとも低い国の一つでした。また、日本は15～19歳の自殺率も高い国です。

もう一つ気になるのが、日本の10代の自己肯定感の低さです。

自己肯定感という言葉は最近よく聞くかもしれませんが、「自分は大丈夫だ」とか「自分には価値がある」と思える心の状態のことです。自己肯定感が高いと、物事に積極的に取り組む傾向がありますが、低いと「どうせ自分にはできない」と物事に消極的になる傾向があります。

日本青少年教育振興機構が２０１８年に発表した「高校生の心と体の健康に関する調査」によると、「自分は価値のある人間だと思う」と答えた高校生の割合は、アメリカは83・８％、中国は80・２％、韓国は83・７％に対して、日本は44・９％。なんと日本の高校生の半分以上が「自分は価値のない人間だ」と感じているということです。

２０１４年度の内閣府による調査でも、「自分に満足している」という若者の比率は、アメリカ、イギリスなどの欧米諸国が軒並み80％台なのに対し、日本では45・８％しかありません。

これらも日本人の謙虚さの表れかもしれません。比較調査や国際調査の結果を気にしすぎるべきではないでしょう。

しかし、これほどまでに子どもの自己肯定感が低く、自殺率が高い現状はやはり気になります。

なぜ日本では、大人も子どもも幸せではないのでしょうか？

人の目を気にしながら競争に勝たなければならない日本

日本人の幸福度や満足度が低い理由の一つに、控えめで謙虚な文化があると考えられます。

年代が上の男性は特にその傾向が見られますが、「嬉しい」「楽しい」といった感情をストレートに表現することは多くありません。相撲などの伝統的スポーツでは、勝った時にガッツポーズをしたら怒られます。

たぶん武士の時代の「謙遜するのが美徳」「大げさに喜ぶのははしたない」といった価値観が残っているのだと思いますが、私が考えるに、江戸時代の日本人は現代の私たちより、もっと自信を持っていたのではないでしょうか。現代の日本人のように自信をなくした上に控えめで謙虚だと、幸福度はどんどん下がってしまいます。

考えてみれば、現代の日本人は微妙な立ち位置にいると思うのです。

もともとの日本には、自己主張は控えめで、周りとの調和を大事にする集団主義的な文化がありました。しかし、第二次世界大戦後に欧米式の個人主義的な教育や文化を取り入れたため、**集団主義的でありながら、個人主義的でもある**という複雑な社会になっています。たとえば「自己主張すべきだ」と言われる一方で、「周囲の多くの人に合わせて行動すべきだ」という同調圧力も同居しているというように。

一般的に、個人主義的な考え方は欧米の国に多く見られ、集団主義的な考え方は東アジアの国に多く見られます。そのどちらが優れているとか、劣っているということはありません。

ただ、集団主義的だった日本が戦後、一気に個人主義を取り入れたことによって、「人の目を気にしながら、他人との競争に勝たなければならない」という板挟みに個人が苦しむような社会になってしまったのではないでしょうか。

大人たちはそうした板挟みの中で「俺だって我慢しているんだから、お前も我慢しろ」とばかりに足の引っ張り合いをしているため、意思決定が遅く、なかなか古い壁を壊すことができません。その結果、日本は世界の新しい動きについていけなくなって生産性も低くなり、すっかり自信をなくしてしまっていると考えられます。

社会が生まれ変わる77年の周期

考えてみれば、今の日本はまさに戦後の歪みが表面に出てきている時期と言えるのではないでしょうか。

どんな国でも、一つの時代が長く続くと、社会の歪みが蓄積していきます。制度の目的と実情がずれてうまく機能しなくなり、既得権益（個人や国がすでに得た権利を手放さないこと）が広がり、格差が拡大していきます。その結果、国民の不満が広がって、革命や戦争、恐慌などが起こり、「オールクリア」されることもあります。

興味深いことに、日本では１８６８年の明治維新から１９４５年の第二次世界大戦終結までが77年です。さらに、１９４５年の終戦から今年（２０２２年）までが、ちょうど77年。つまり、長く続いた武士の世が一掃されたのが１８６８年、また世界のパワーバランスによる歪みが爆発して帝国主義が一掃されたのが１９４５年でした。

ここから考えてみると、どうやら社会というものは、77年くらい経つと制度疲労してきて、さまざまな歪みが噴出してくると言えそうです。そして、その社会を壊そうとするような新しい動きも出てきます。

終戦から77年目の今、そのことを感じさせるような動きが、少しずつですが日本の教育界や産業界で起き始めています。

たとえば、子どもたちの幸せを最上位の目標に掲げる新渡戸《にとべ》文化学園や、子どもたちの探究心を育てるための独自教育を行う軽井沢風越《かざこし》学園、ウェルビーイングを教育の一つの柱に掲げる広島県立広島叡智学園などの新しい学校。

さらに、チームの生産性とメンバーの幸福の両立を実践するＩＴ系企業のサイボウズや、成長とつながりによって幸せを生み出す組織をビジョンとして掲げるゲーム開発企業アカツキなどの若い企業。

新しい企業だけではありません。京セラの稲盛和夫氏は創業当時から社員の幸せを追求していることで知られていますが、最近では、トヨタ自動車の豊田章男社長、清水建設の井上和幸社長、積水ハウスの仲井嘉浩社長など、大企業のトップたちもこぞって「社員の幸せ」という言葉を使うようになりました。

このように、教育界や産業界の一部には、新しい価値観を掲げて挑戦を始める企業や学校が出てきています。アメリカのシリコンバレーなどに比べればまだまだ少ないけれど、そうした学校や企業が成功することで、日本の社会も変わっていくのではないでしょうか。

革命や恐慌など大変なことが起こらなくても、飛行機が穏やかに着陸するように、大きな社会変化がやってくる可能性もあると、私は期待しています。

そして、今は激動の時代でもあります。テクノロジーの著しい進化は私たちの生活に大きな変革をもたらしています。働き方や結婚制度、家族に対する考え方や個人の生き方なども、大きく変わりつつあります。

まさに、先の読めない激動の時代。

しかし、それは見方を変えれば、チャンスの時代でもあるのです。

今は、インターネットを通して作品を発表したり、ビジネスをしたり、動画を配信することもできます。昔は起業しようと思っても、手持ちの資金がなければ銀行から借金しなければ会社を立ち上げられませんでした。でも今なら、クラウドファンディングで資金調達をして事業を始めることもできます。

メディアも多様になりましたから、ユーチューバーとなって世界中の人に情報発信することも可能です。

大変な時代ではあるけれど、チャンスの時代でもある。

そんな時代をこれからリードしていくのが、皆さんのような新しい世代です。若い世代にはぜひ前向きな気持ちで新しい世界の可能性を信じてほしいと思います。

今は、新型コロナウイルスやウクライナ紛争、日本経済の長期的な不況や競争力の低下など、何かと暗い話題が多いですが、「夜明け前が一番暗い」といわれる通り、新しい時代に生まれ変わる前夜なのです。

そんな新しい時代のキーワードになるのは、今まで主流だった「開発」や「競争」ではなく、「ウェルビーイング」だと私は考えています。

今こそ「幸福」を考える時

明治維新からの約120年間、日本は社会的な成長を遂げてきました。モノがなかった時代でしたから、とにかくモノを作って売り、社会インフラを整えていくことで社会は拡大してきたのです。日本は安心で安全な社会を作ってきました。

しかし、約30年前のバブル崩壊以来、日本の成長は止まっています。社会にもモノが行き渡っていますから、モノを大量に作っても売れません。少子化で人口も減っていくため、今後はGDPも下がっていくはずです。

世界全体を見てもそうです。

産業革命以来、200年以上も物的欲求を満たすための経済成長至上主義が続いてきましたが、2000年頃からは環境問題や貧困格差問題、食料問題などが次々と指摘されるようになりました。

すでに成長の限界が来ているということです。

ですから、**これからは「拡大」ではなく「調和」の時代**です。右肩上がりの成長を目指す流れは鈍化し、ＳＤＧｓ（持続可能な開発目標）に代表されるような持維可能な経済運営が必要になってきたのです。自分一人が豊かになればいい、一国だけが繁栄すればいいという時代から、地球規模でより良い社会を目指す時代になったのです。

ですから、これから追求されるべきは「経済成長」よりも「心の成長」です。世界のトレンドは、環境への配慮や人々の生活の質を高める方向へ進んでいます。つまりウェルビーイングを高める方向へ価値がシフトしているのです。

これからはきっと日本のＧＤＰの順位も下がっていくと思いますが、そもそも国民の数が減っていくのですから、国民総生産が下がるのは仕方のないことです。それを嘆くのではなく、発想を転換する必要があります。

国民総生産よりも、一人ひとりの生産性や創造力を上げる。そして、皆がそれぞれの幸福を目指す。量より質を求める時代がやってきているのです。

ウェルビーイングのさまざまな効果

さて、世界中から注目されるようになったウェルビーイングの分野ですが、幸福学やポジティブ心理学（アメリカの心理学者マーティン・セリグマン氏が提唱した心理学で、個人の強みやポジティブな感情に焦点を当てる研究）など、多方面で研究が進んだ結果、さまざまな「幸福の効果」というべきものもわかってきました。

たとえば、**幸せを感じている人はそうでない人に比べて、創造性が3倍高く、生産性が1・3倍高い**ことがわかっています。

幸せな人は視野が広く利他的で、さまざまなタイプの人と仲良くなれる傾向があるため、創造性や生産性も高くなると考えられます。また、多少の心配ごとがあってもそれを乗り越えて新しいことにチャレンジできるので、創造性を発揮できるのです。

また、幸せな人や前向きな人は売上が37％高い傾向にあるだけでなく、勤め先での欠勤率や離職率が低く、上司からも高い評価を受けやすいこともわかっています。

さらに、幸せを感じている人の寿命は、そうでないと感じている人より、7年から10年長くなり、しかもその間、健康である割合が高いという調査結果もあります。

ある修道院の修道女180人に対する追跡調査を行ったところ、修道院に入った時に幸せを感じていた人とあまり幸せを感じていなかった人を比べると、やはり7年の寿命の差が見られたそうです。

また、幸せな人は免疫力が高く、病気にかかりにくいというデータもあります。たとえば、うつ病や大腸がんなど、多くの病気にかかりにくいというのです。

このように言うと、今、幸せを感じていない自分はダメだと思う人がいるかもしれませんが、その心配はありません。

たとえ心から幸せを感じていなかったとしても、**口角を上げて、笑顔を作るだけで免疫力が高くなり、幸福度が増す**という研究結果があります。まずは「幸せなフリをする」だけで幸せになり、結果的に病気になりにくくなると考えられるのです。

第5章には幸せになるための方法をまとめていますので、自分は幸せではないと思う人は、ぜひトライしてみてください。少しずつでも続けていけば、幸福度は必ず上がっていくはずです。

お金があれば幸せになれる？

では、幸福に「お金」はどのくらい影響するのでしょうか？　よく「もっとお金があれば、幸せになれるのに……」なんて言いますよね。では、1億円あったら幸せになれるでしょうか？　いや10億円あったら、ものすごく幸せになれると思いますか？

確かに、低収入では衣食住に問題を抱える可能性がありますから、ある程度のお金は必要でしょう。

しかし、たくさんお金があればあるほど幸せになれるのかといえば、それは違います。お金があっても幸せになれるとは限りません。

幸せとお金の関係を考える上で、興味深い研究があります。

ノーベル経済学賞を受賞したダニエル・カーネマン博士の研究です。

カーネマン博士が行った調査によると、人が感じる幸福度は、世帯年収7万5000ドルまでは収入に比例して増えていきますが、7万5000ドルを超えた時点で幸福度は上昇しなくなるというのです。

この論文が発表された2010年当時の為替相場で考えると、7万5000ドルは日本円で約660万円。ちなみに為替相場は変わっていくので、2022年の相場では900万円程度になりますが、こうした金額は国や時代によって異なります。とにかく、ある程度以上の金額になると、快適さや利便性は増えていっても、幸せは増えていかないということなのです。

しかし、「お金はたくさんあればあるほど、幸せになれる」と思っている人は多いですよね。そうした思い込みを、カーネマン博士は「**フォーカシング・イリュージョン**（幻想に焦点を当てるという意味）」と表現しました。「〜すれば、幸せになれるはず」という間違った思い込みです。

世の中は、お金の他にもさまざまなフォーカシング・イリュージョンで溢れています。「大企業や有名企業に入れば、幸せになれるはず」「良い学校に入れば、うまくいくはず」「結婚すれば、幸せになれるはず」などです。

もちろん、こうしたことで幸せになる人もいるでしょう。でも、それはすべての人に当てはまるわけではありませんし、大金がなくても、大企業に入らなくても、結婚しなくても、あなたが幸せになる方法は他にいくらでもあるのです。

それにしても、なぜ「収入が高いほど幸せ」とならないのでしょうか？

それは、高い収入によって満たされるのはあくまでも生活満足度だけで、幸福度ではないからです。生活満足度は幸福を構成する要素の一つに過ぎず、しかも長持ちしない感情的満足です。

また、前述のように、人間の金銭欲や他人との比較欲にはきりがないので、どんなに豪華な家や車を持っていても、それを超えるものが目に入れば満足度も下がってしまいます。

このように、お金やモノ、社会的地位など周囲との比較によって満足を得るものを経済学者のロバート・フランクは「**地位財**」と名付けました。

お金やモノ、社会的地位は生きていく上である程度は必要なものですし、収入や豪華なモノが増えていけばそのときは幸せを感じることでしょう。会社で出世したら満足感も得られるはずです。

でもその気持ちは長持ちせず、たとえば年収が1億円になったとしても周りの人が同じように年収1億円になったら、幸福感は生まれにくいことがわかっています。むしろ周りにいる人の年収が2億円になったら、不満を感じるかもしれません。

一方、人とのつながりや家族の愛情、勉強や仕事、部活動などで感じるやりがいや充実感などはお金で買えませんが、長期的、安定的に心を満たしてくれるものです。

これらは「**非地位財**」といわれています。健康や自主性、社会への帰属意識、良質な環境、自由、愛情などです。

非地位財は、他人との比較とは関係なく、幸福や満足が得られるものです。そして、その幸せや満足は長く続きます。

たとえば、あなたが演劇に夢中になっているとしたら、そこで得られる幸せは誰かと比べてわかるものではなく、自分の中だけにあるものです。

仲間とともに一つのものに取り組む高揚感、自分がやりたいことをやっているという満足感、作品を作り上げたことによる達成感……そうしたものを「幸せだ」と感じているなら、その幸福感は長く続くということです。

日本人は世界一心配性な国民

ただ、やっぱりお金がないと心配だ、という人もいます。

確かに、ある程度の収入がなければ生活に不安を感じるのは当然ですし、人生ではある程度まとまったお金が必要になることもありますよね。

ですから私は、短期的な幸せをもたらす地位財と、長期的な幸せをもたらす非地位財のどちらか一方だけあれば良いということではなく、**どちらもバランス良く持つことが大切**だと考えています。

また、お金の問題を考える時、興味深い研究結果があります。

日本人には、遺伝的に心配性の人が多いという研究結果です。

人間の脳には「幸せホルモン」と呼ばれる神経物質セロトニンがあり、セロトニンが分泌されると心が穏やかになり、前向きな気持ちになると言われています。

このセロトニンを分泌する能力は遺伝子によって異なり、セロトニンを多くつくれる遺伝子型（L型）と、多くつくれない遺伝子型（S型）がありますが、日本人の約8割の人がS型を持っているというのです。

一般的に欧米ではS型の遺伝子を持っている人の割合が少なく、アジア人の方がS型の遺伝子の割合が高いと言われています。その中でも日本人は世界一、心配性の遺伝子を持っている人の割合が高いのです。

だから、日本人がなるべくお金を貯めて財政不安に備えておこうとする気持ちもわかります。

しかし、財政不安に備えるための解決策は、お金を貯めるだけではありません。

解決策の一つは、皆で助け合う方向へ向かうことです。

たとえば、幸せの国と呼ばれるブータンの人々の平均年収は20万円程度です。

以前、ＪＩＣＡ（国際協力機構）の活動でブータンを訪れた人が、「あなたが本当に困ったときに頼れる人は、何人いますか？」とブータン国民に聞いて回ったところ、平均50人という驚きの結果だったそうです。

平均で50人ですよ。親戚や近所の人たち、学校や会社の仲間たちなど、大勢の人たちが助けてくれるというのです。お金がなくても50人が助けてくれると思ったら、「まあ、なんとかなるかな」と思うことができますよね。

もしかしたら、ひと昔前の日本の村社会でも「あの家の旦那さんが病気で、家族が困っている。皆で助けてやろう」という助け合いの精神があったかもしれませんが、今は全国的に都市化や孤独化が進んでいます。もしも今の日本で同じアンケートをしたら、答えはほんの数人になるのはないでしょうか。

しかし、最近では、他人同士が共同生活を送るシェアハウスやコレクティブハウス、シングルマザーの親子が支え合うペアレンティングホームなどもできています。このようにお互い困った時に助け合える仕組みがあると心強いですよね。

インターネットの時代にお互いに支え合う仕組みをどう作っていけるかは、今後の日本の大きな課題になるでしょう。

また、私はこんな調査をしたことがあります。「年収400万円でも幸せな人」と「年収1000万円でも不幸な人」の比較調査です。

その結果、年収1000万円でも不幸だと感じている人は、信頼できる仲間が少ない傾向があり、常に「お金が足りない」「もっとお金が欲しい」と欲する傾向にありました。

一方、年収400万円でも幸せを感じている人は、信頼できる仲間が多く、感謝の気持ちが大きい傾向がありました。お給料や今の生活に対して「これだけもらえてありがたい」「今の生活に感謝している」と思っているのです。

やはり、お金はある程度はあった方が良いけれど、幸せを決める唯一のものではないということです。

また、日本には心配性の人が多いからこそ、多くの人に幸せになるメカニズムを学んで、もっともっと幸せになってほしいと思っているのです。

第2章　幸せな人の特徴

あなたの今の幸福度はどのくらい？

さて、第1章では、幸せとはどんなことかを見てきました。

では、あなた自身は今、幸せでしょうか？　幸福学では、その人がどの程度幸せを感じているかを調査によって測ることができます。

その調査というのは、幸せに関するアンケートに答えてもらうものですが、この幸福度調査は健康診断のようなものと考えたらいいでしょう。

健康診断ではいろいろな側面から今のあなたがどのくらい健康かがわかりますが、幸福度診断も、あなたの幸せの状態をいろいろな側面から理解できます。

そして健康診断の結果が毎年違うように、幸福度も、その時の心の状態によって違ってきます。一度やって数値が低かったら不幸せ、もうダメだ……ということではなく、「今、心の状態が悪いのだな」と気づき、「では、どこが悪いのか」を知ることによって、今の自分の状態を見つめ直すきっかけになるのです。

では、さっそくあなたの幸福度を測ってみましょう。
次のページに17の質問がありますので、それぞれの項目に、以下の1点から7点までの点数を付けてみてください。

とてもそう思う　↓　7点
かなりそう思う　↓　6点
ややそう思う　↓　5点
どちらでもない　↓　4点
あまりそう思わない　↓　3点
ほとんどそう思わない　↓　2点
まったくそう思わない　↓　1点

そして、次ページのそれぞれの質問を見て、自分の点数を□の中に書き込んでください。あまり深く考え込まず、今の直感で点数を付けて構いません。

☆以下の質問に関して今の状態に当てはまる点数を選び、□に書き込んでください。

7点＝とてもそう思う　6点＝かなりそう思う　5点＝ややそう思う　4点＝どちらでもない
3点＝あまりそう思わない　2点＝ほとんどそう思わない　1点＝まったくそう思わない

Q1　私は自分の人生に満足している
Q2　最近2週間は、ワクワクした気分だった
Q3　物事を行う時、根本的な意味を考える
Q4　自分には強みがある
Q5　物事に没入して取り組む方だ
Q6　物事や状況を思いっきり満喫する
Q7　さまざまなことを学んで成長したい
Q8　創造性は高い方だ

Q9　自分のことが好きだ
Q10　世界中のさまざまなことに感謝している
Q11　人のために尽くしたいと思う
Q12　嫌なことも許容できる方だ
Q13　人と信頼関係を構築するのは得意だ
Q14　他人とコミュニケーションすることは得意だ
Q15　さまざまな場面で、挑戦意欲を発揮している
Q16　物事を楽観的に捉える方だ
Q17　日頃、自分のペースで人と接したり過ごすことができている

点数を書き込めましたか？
次はこの点数を次ページの表に転記してください。表の右端は全国平均です。

	カテゴリー	項目	質問	あなたの点数	全国平均
1	ウェルビーイング	人生満足尺度	私は自分の人生に満足している		3.92
2	やってみよう力	ポジティブ感情	最近2週間は、ワクワクした気分だった		3.65
3		ビジョンを描く力	物事を行う時、根本的な意味を考える		4.59
4		強み力	自分には強みがある		4.16
5		没入力	物事に没入して取り組む方だ		4.59
6		満喫力	物事や状況を思いっきり満喫する		4.26
7		成長意欲	さまざまなことを学んで成長したい		5.01
8		創造力	創造性は高い方だ		4.17
9		自己肯定力	自分のことが好きだ		4.15
10	ありがとう力	感謝力	世界中のさまざまなことに感謝している		4.43
11		利他力	人のために尽くしたいと思う		4.58
12		許容力	嫌なことも許容できる方だ		4.12
13		信頼関係構築力	人と信頼関係を構築するのは得意だ		4.10
14		コミュニケーション能力	他人とコミュニケーションすることは得意だ		4.09
15	何とかなる力	挑戦力	さまざまな場面で、挑戦意欲を発揮している		4.01
16		楽観力	物事を楽観的に捉える方だ		4.20
17	ありのまま力	マイペース力	日頃、自分のペースで人と接したり過ごすことができている		4.34

この17の項目は、株式会社はぴテックと、私が代表理事を務める一般社団法人ウェルビーイングデザインが共同開発した「幸福度診断　well-being Circle」の一部です。綿密な幸福度診断ではなく、代表的な項目のみを選んで掲載しています。

もしもフルバージョンの診断を行ってみたいという方は、ウェブサイト　https://well-being-circle.com/

で無料の診断を行うことができますので、ぜひそちらをご覧ください。

幸せな人が持つ４つの特徴

さて、幸福度診断の結果はいかがでしたか?

自分の点数が低くてがっかりした、という人もいたかもしれません。

しかし、前にも触れたように、欧米の人はこうした診断の点数が高く出る傾向があり、日本人は真ん中の点数をつける傾向があります。バランスの取れた日本人らしい点数の付け方かもしれません。

もちろん高い点数の人もいれば、低い点数の人もいます。どちらでも大丈夫です。

全国平均の点数は、単なる目安だと考えてください。この幸福度診断は人と比べて優劣を競うものではなく、現在の自分の幸福度を測るための一つの方法です。

「この項目は高いけど、この項目は低い」ということがわかったら、自分が高めたいと思う力をどう伸ばすかを考えればいいのです。

そのための方法はあとの章でいろいろご紹介しますから、ご安心ください。

では、ここからは幸福度診断に出てきたカテゴリーがどのように幸福度に影響しているのかを簡単に説明します。

まず、「ウェルビーイング」のカテゴリー。

これは今まで紹介してきたように、幸せの総合指標です。

若い世代には、人生を長いスパンで見ることは少し難しいかもしれませんが、今までの自分の人生を振り返って幸せと思えるかどうか、人生に満足しているかどうかという指標です。

その次からの「やってみよう力」「ありがとう力」「何とかなる力」「ありのまま力」というのは、先ほど説明した非地位財を代表する４つの力です。

私はこれまで、どんな心のありようが非地位財となって人の心に幸福感を感じさせるのかを研究してきました。そこで、心のありように関する29項目87個の質問を作り、インターネットで日本人１５００人以上にアンケート調査を行いました。

さらに、その結果を因子分析という手法で分析した結果、人の幸福度に大きな影響を及ぼす４つの心的因子が明らかになりました。

それが、以下の４つです。

① やってみよう因子
② ありがとう因子
③ なんとかなる因子
④ ありのままに因子

これらは、いわば「幸せの4つの因子」。この4つを持っている人が幸せということになります。

それぞれ、どういう心の状態かお話ししましょう。

①やってみよう因子(自己実現と成長の因子)

1つ目は「やってみよう因子」。自己実現と成長の因子です。

□自分なりの夢や目標を持っている
□夢や自己実現を達成するために、努力している
□自分が持っている強みを十分に発揮できている
□今やっていることにやりがいを感じている
□自分から何かをやろうと思える
□自己成長したいと考えている

このような状態は「やってみよう因子」が高く、幸福度が高い状態といえます。

自己実現といっても、別に素晴らしい結果を出さなければいけないというわけではありません。また、競争に勝つことや、人から高い評価を得ることとも関係ありません。78億の人がいたら、78億通りのやり方でその人らしく自己実現を目指せばいいのです。それぞれの方法で、自分らしく成長していくことが幸せということです。

特に大事なのは、自分からやろうという「主体性」です。

何をやるにしても、主体的な行動の多い人は幸福度が高くなり、反対に「やらされ感」を感じてやる気がない人は幸福度が低い傾向にあります。

勉強するにしても、誰かに「やれ」と言われたから仕方なく勉強している人よりも自分から「やろう」と決めて勉強する人の方が幸福度は高く、しかも創造性や生産性が高い傾向にあります。

まずは自分で何かを始めることが大切ですが、その際は、小さなことから少しずつ始めていきましょう。

たとえば山登りでは、頂上ばかり見ていると「まだ遠い……」と辛い気持ちになってしまうかもしれませんが、疲れていても一歩ずつなら歩いていくことはできます。そして一歩一歩、歩いているうちに頂上に到着するのです。

高い目標があっても、まずは一歩ずつ積み重ね、その都度やりがいや達成感を感じることが重要なのです。

② ありがとう因子（つながりと感謝の因子）

2つ目は「ありがとう因子」。つながりと感謝の因子です。

1つ目の「やってみよう因子」は自己実現や自分の成長など自分に向かう幸せですが、この「ありがとう因子」は他者に向かう幸せです。

□人の喜ぶ顔が見たいと思う
□自分を大切に思ってくれる人がいる

□つながりのある人たちがいる
□周りの人や環境に感謝している
□他人に親切にしたいと思っている

このような状態は「ありがとう因子」が高く、幸せな状態です。

たとえば、**人は自分が喜んでいる時よりも、自分が何かをしてあげたことで誰かが喜んでくれた時に深い幸福感を得る**傾向があります。

また、誰かとつながりを感じた時や誰かに感謝の念を感じた時にも、大きな幸福感を感じます。

特に人とのつながりは重要です。心から信じられる人や、いざという時に相談できる人がいると幸福度は高くなりますが、孤独感を感じている人は幸福度が低くなる傾向があります。

もしも友だちを作るのが苦手なら、弱いつながりでもいいのです。少しでも話せる仲間や知り合いを作り、少しずつ言葉を交わすことから始めましょう。

たとえば、**人に挨拶をする人は、挨拶をしない人より幸福度が高い**という研究結果があります。相手の目を見て元気な声で挨拶をするだけで幸せになりますから、まずは挨拶から始めてみるのもいいでしょう。

感謝の言葉もいいですね。普段は何かをやってもらっても当たり前だと思っているかもしれませんが、家族や周りの人に「ありがとう」と言ってみるのもお勧めです。

私は、コンビニやお店の店員さんに品物を出す時にはいつも「お願いします」などと一声かけるようにしていますが、そうすると、だいたい相手も「ありがとうございます」などと言葉を返してくれて、新しい商品について教えてくれたりもします。

こうした小さなやり取りからでいいのです。

「おはようございます」「こんにちは」「ありがとうございます」「お疲れさまです」「美味しかったです」などの一言がコミュニケーションの始まりになり、幸せへの第一歩につながっていきます。

③ なんとかなる因子（前向きと楽観の因子）

3つ目は「なんとかなる因子」。前向きと楽観の因子です。

□楽観的でポジティブに考える
□あまり細かいことは気にしない
□学校や仕事での失敗や不安な感情は、あまり引きずらない
□失敗を恐れずにチャレンジしようとする
□今はできないことがあっても、「いつかはできるようになる」と思える
□目の前のことに集中できる

このように、物事を前向きに、また楽観的に捉えることのできる人は幸福度が高い傾向があります。

その反対に、心配ばかりしている人や、いつも「どうせうまくいかない」と後ろ向きの考え方をしてチャレンジできない人は、幸福度が低い傾向にあります。

要はポジティブになればいいのです。

私としては、どんな時でもなるべく「なんとかなる」と考えてみよう、やるかやらないか躊躇しているのだったら、まずはやってみようと言いたいところですが、もともとの性格的に難しいという人もいるかもしれませんね。

普段から物事をネガティブに捉えがちだという人は、第5章の163ページにある「ネガティブ思考をポジティブ思考に変換するワーク（反転ワーク）」をしてみてください。

たとえばエレベーターが故障して階段をのぼらなければならなくても、「筋トレができた。ラッキー！」と思えば、それほど辛く感じないのではないでしょうか。一見嫌だなあ、しんどいなと思うようなことでも、想像力を働かせて良いことを見つけ出すのです。ネガティブは、ひっくり返せばポジティブになります。

この練習をしていくうちに、いろいろな物事の中から「良いこと」や「ポジティブな面」を見つけ出すのがうまくなり、幸せを感じやすくなるはずです。

④ ありのままに因子（独立と自分らしさの因子）

４つ目は「ありのままに因子」。独立と自分らしさの因子です。

□自分のすることと、他人がすることをあまり比べない
□人の目を気にし過ぎない
□自分のペースを保つことができる

このように自分と他人を比べず、また他人の意見に左右され過ぎずに、自分らしくマイペースで生きている人は幸福度が高い傾向にあります。他人と比べて優劣を考えるのではなく、自分らしさを磨いていくことが大事です。

人と自分を比べて相手を妬んでいる状態は不幸せな状態です。

また、人に自慢しているのも幸せな状態ではありません。自慢は幸せそうに思うかもしれませんが、人目を気にし、人より上に立とうとしている時点で決して幸せではないのです。

この「ありのままに因子」を高くしたい人は、自分が好きな物事に集中することをお勧めします。

また、自分の良いところを考えてみるのもいいでしょう。「気が優しい」「粘り強い」「歴史に詳しい」「ゲームがうまい」「よく笑う」など、なんでもいいのです。

また、友だちとお互いの良いところを褒め合うのも効果的です。

少し照れくさいかもしれませんが、「いつも○○していて、努力家だと思う」とか「性格がほんわかしているから、話しているとリラックスできる」など、何かしら相手の良いところを見つけて伝えてあげましょう。3つくらいなら、すぐに見つかるはずです。

さて、これまで幸せを構成する4つの因子を見てきました。

４つの因子をまとめてみると、「幸せな人」とはこんな人になります。

たとえ困難で難しいことがあっても、「なんとかなる」と立ち向かうことができ、「やってみよう」というチャレンジ精神に溢れていて、どんな時も周りの人に「ありがとう」と感謝を忘れず、いつも自然体で「ありのまま」の人。


反対に、「不幸せな人」はこんな人です。

いつも先のことが不安で「なんとかなる」なんてとても思えないし、人から言われたことだけをやっているので、自分から「やってみよう」などと考えたこともない。

また、自分がうまくいかないのは周りのせいだと思っているので、誰かに「ありがとう」と感謝することもないし、他人のことばかりが気になって「ありのまま」にふるまえない。

こんな人は、生きていくのも辛そうですよね。


しかし、前にも言いましたが、大事なポイントは、**幸福度は変化する**ということです。

あなたにもっと幸福度を高めたいと思う力があるなら、ちょっとした練習によってどんどん伸ばしていくことができます。いや、単に自分の心の状態を知るだけで変わっていくこともあります。

「幸福の授業」で幸せになる生徒たち

私は時々、小学校や中学校、高校にお邪魔して、幸せになるための授業やワークをすることがあります。

たとえば、「幸せ応援シート」と名付けた用紙に、幸せの４つの因子である「夢や目標（やってみようと思っていること）」「感謝していること」「なんとかなると頑張っていること」「自分らしく、個性をいかしてやっていること」を、それぞれに書き込んでもらうワークがあります。この際はなるべくたくさん書いてもらいます。

その後、そのシートをグループで回しながら、お互いのシートの回答に、カラフルなペンで応援のメッセージを書き込んでもらうのです。

「○○君なら絶対にできる」とか「すごく素敵な夢だと思う。応援するよ」「優しい○○さんらしい」「いつもポジティブで明るいから、きっと大丈夫」など、なんでもいいから一言書いてもらいます。お互いの夢や感謝の気持ちをシェアすることも、お互いの幸せにつながるからです。

このワークは、たいていうまくいきます。特に担任の先生のリードが上手だと、すごくうまくいってクラスが盛り上がります。

もちろん最初は恥ずかしがる人も多いのですが、多くの人がワークと向き合ううちに真剣になってきて自分の回答をたくさん書いてくれるだけでなく、他の人の回答に対しても、真摯な応援メッセージを書いてくれます。

どうしても書けない人がいる場合、周りの生徒に協力してもらって書けるようになることもあります。他の人に「前に、〜したいって言っていたよね」とか「○○君はあのことを頑張っているよね」「こういうところは個性的ですごいよ」などと教えてもらうと、本人も嬉しそうな顔をしながらシートを埋めていけるようになるのです。

そして、このワークを行った後はたいていクラス全体が元気になります。シートが自分の宝物のようになって、自宅の机の前に貼っている人や下敷きに挟んでいる人、元気がなくなったらこのシートを必ず見るという人もいるそうです。

大学生や社会人にもこうしたワークをすることがありますが、その後は皆、幸せそうな顔になります。

以前、幸福度の低い職場で幸福学のワークをしたことがありました。

その際は5人くらいずつグループになってもらい、お互いに「自分の強みを言ってください」と言ったのですが、最初はブーイングの嵐でした。

「俺に強みなんてあるわけない」とか、「自分には自信もないし」「学歴も低い俺たちは、どうせダメ人間の集まりだから」などとネガティブなことばかり言っているのです。しかも、全員がどうでもいいという感じで、やる気もありません。

これは困ったと思いながら、「じゃあ、隣の人の良いところを褒めてみてください」と言ってみました。

すると、「おまえは結構、優しいよな」とか、「こいつは真面目だよ」「いや、あなただって努力家じゃないですか」なんて、急にたくさんの言葉が出てきたのです。そしてすごく活発で、温かい雰囲気になりました。

幸福度が低くなっていると、自分の良いところが探せなくなってしまうのですが、この職場の人たちの仲は悪くなかったため、他人の良いところはわかったのですね。「仕事が早い」「力持ち」「背が高い」「挨拶がしっかりしている」「周りの人をよく見ている」「ユーモアがある」「明るい」「本をよく読んでいる」……などなど、実にいろいろ出てきました。お互いに何十個も褒めてもらったことで、結果的には全員が幸せそうな顔になり、幸福度が上がったのです。

こうしたワークは、もちろん１人ですることもできます。

１４７ページの「書くだけで変わり始めるハッピー・エクササイズ」に自分の回答を書き込んでみてください。４つの因子が埋まっていくと幸福度が高まっていきます。

このように１人でもできますが、誰かと応援し合うともっと効果的なので、もしも友だち同士や仲間、きょうだいなどでできたら、ぜひ一緒にやってみてください。

こじれる前に幸せの大切さに気づく

先ほど、ワークをすると盛り上がると書きましたが、それでも、やはりクラスに1、2人程度は「書けない」と言う人もいます。クラスメートに助けられて書けるようになる人もいますが、中にはずっと書けないままの人もいます。

不思議なのは、彼らは学校のテストはある程度できたとしても、「自分は何をしたいのか」「自分の強みはどんなことか」と自分の心と向き合って外に出すことに対しては「1つも思いつかない」ということです。答えは自分の中にあるのに、こんな質問をされたことがないし、考えてみたこともないから、わからないのでしょう。

こうした授業やワークをしていて思うのは、これまでは自分の幸せや夢なんて考えたこともない人が多いのだろうということです。そして、自分の心と向き合うことに慣れていない人も多いようです。

私は幸福学の研究をしていく中で、たくさんの人の幸福度を見守ってきました。そんな私が断言します。

幸せについて知り、自分も幸せになりたいと思ったら、必ず幸せになれるのです。

幸福学を知った後に幸福度が上がり、実感的にも幸せになった人はたくさんいます。私が今まで出した本の担当編集者たちは口を揃えて「幸福学を知ってから幸せになった」と言いますが、幸福学を知った人は皆、幸福度が上がっています。

大勢の幸福度を調べてきた私から言わせてもらえば、幸せというのは、まるで筋肉のようなものです。鍛えれば筋肉が太くなるように、幸せも、目指せば幸せになれるのです。

そういえば、それまで喧嘩ばかりしていた夫婦が、幸福学を学んで関係が劇的に改善した例もありました。

夫のことが大嫌いで、夫の定年後に一緒にいるのが嫌でしょうがなかった妻が幸福学を学び、ことあるごとに夫に感謝の言葉をかけるようになったら、それまでムスッとしていた夫の方も妻に感謝するようになり、今では「若い頃のラブラブ状態に戻りました」と言うのです。

大嫌いがラブラブまで変わったのには驚きましたが、こんな例は極端ではありません。「俺なんて、どうせダメ人間だから不幸になるに決まっている」と言っていた人も変わりました。

これまでは多くの人が幸せについて学ぶ機会を持ちませんでしたが、幸せになる方法を学び、幸せになる方法を実践した人は皆、幸せになれるのです。

たとえば、自分のやりたいことを見つけて挑戦してみたり、なるべく自分から行動するようにしたり、周りの人に「ありがとう」と感謝したり、「なんとかなる」と自分に言い聞かせたり、自分の良いところや自分らしさを見つけたり……。

とにかく幸せになるための方法はたくさんあるのです（いくつかの例を第5章で紹介しています）。

もちろん、こうしたことは、すぐに身に付くものではありません。

今日だけ人に感謝しても、継続しなければ意味がありませんから、少しずつ自分の生活に取り入れていくといいと思います。

また、今は4つの因子すべてが高くなくても大丈夫です。人生100年時代ですから、人生をかけてゆっくりやっていきましょう。いつかは4つの因子全部が高くなると最高ですね。


幸福は何歳からでも始められますが、若い頃からこうしたことに気づけば、人生はもっと良い方向に変わっていくはずです。

というのも、物事をネガティブに捉える不幸ぐせがいったん身に付いてしまうと、悪循環に陥りやすくなってしまうからです。

たとえば、こんな感じです。

「自分からやる気を持てない」↓「勉強しても、内容が身に付きにくい」↓「勉強しているつもりなのに、成績が上がらない」↓「やっぱり自分はダメだと思い込む」↓「自分はダメだと思っているので、勉強以外のことにも挑戦しなくなる」↓「成功体験も失敗体験も少ないため、さらに自信がなくなっていく」↓「自信がないから、何をしてもうまくいかない」→「自分だけ運が悪いと思う」

……これでは、まるで負のループです。

しかし、幸福のメカニズムを知り、自分の心と向き合って、自分のやりたいことや自分の幸せ、自分の周りの人などについて考えていくうちに、心の中の不幸ぐせを捨てて幸せぐせの方へ寄っていくことができるのです。


多くの人が、問題がこじれた後にようやく幸せの大切さに気づきます。

物事がもつれてうまく進まなくなり、人間関係に行き詰まり、大きな問題やストレスを抱えてから、「自分が本当にやりたかったことってなんだっけ?」「私はなんのために生きているのだろう」などと問い始めるのです。

人生は勝ち負けではありません。

誰かが勝って誰かが負けるのではなく、目指すべきは、それぞれの幸せ。他人との比較によらない幸せです。

あなただけの「やってみよう」「ありがとう」「なんとかなる」「ありのままに」を

見つけて、じっくり育てていくことが大事なのです。

性格だって、変えたいなら変えられる

ところで、こうした話をすると、こんなことを言う人がいます。「でも、心配性や謙虚な性格は生まれつきのものでしょう。そんなに簡単に変えられないのでは？」

確かに、先ほど日本人には先天的に心配性の人が多いという話をしました。生まれつき心配性で不安を感じやすい人は幸福度が低い傾向があります。

では、そういう人がずっと不幸なのかといえば、そんなことはありません。

心理学のさまざまな研究によれば、性格というのは、半分が先天的な遺伝的要素、もう半分が後天的な要素が関係しているものだといいます。半分は親や親族から遺伝しますが、**残り半分は生まれた後の環境と自分の努力によって変えられる**ということです。

悲観的か楽観的かという傾向も、半分は先天的なものですが、半分は後天的なもの

だといわれています。

実は、私ももともとは心配性で悲観的でしたが、今はとても楽観的になりました。どうして自分がこんなに楽観的になれたのかと考えてみると、1つ目に挙げられるのは、信頼できる仲間やパートナーの存在です。特に、明るくて前向きな妻の存在は大きいですね。

後ほど詳しく紹介しますが、**多様な友だちや仲間を持つと、幸福度が上がる**という研究結果があります。

私も実際、妻の言葉や発言に「え？　そんなこと言うの？」と驚くこともありますが、自分とはまるで違う考え方や見方を知って世界が大きく広がりましたし、ことあるごとに前向きな妻から「大丈夫だよ」と言ってもらえて自信がつき、困難な状況でも頑張ることができました。自分とは違う性格や特性の友だちや仲間を持つと、自分とは違う部分を持つ相手に救われ、お互いに助け合えることがあります。

自分が苦手なことは、他の人に補完してもらえばいいのです。補完できるようなコミュニティが家族や学校や職場やネット上にあれば、あまり心配しなくて済みますよね。皆さんもぜひ第４章を参考にして、お互いに助け合えるようなコミュニティを作ってみてください。そのための方法やアイディアもいろいろ載せています。

２つ目に考えられるのは、たくさんの経験を通して自分を鍛え、自信を付けていったことです。

特に「これは自分の得意分野」という経験や実績を持つことが大事だと思います。私の場合は「幸福学」の研究でした。

やはり自分の強みや個性を伸ばし、仲間をつくっていくことが大事なのです。

結局、幸せの４つの因子を満たしていくように気をつけていると、心配性の人でも心配せずに生きていくことができるということです。

このように、性格の半分は遺伝ですが、半分は自分の努力と環境で変えられます。

もしも自分の親がいつも不幸せそうな顔をしているのが嫌だったとしても、そっくりそのままあなたに遺伝するわけではありません。

ただ半分は遺伝する可能性がありますから、放っておけば親に似てくるかもしれません。それが嫌だと思うなら、やはり気をつける必要があります。

たとえば、いつも心配ばかりしているのをやめたいと思うなら、自分ができることをやった後は「なんとかなる」と自分に言い聞かせ、それ以上は心配するのをやめること。自分がコントロールできないことを心配するよりも、自分でコントロールできることに時間と労力を割きましょう。

その反対に、楽観的すぎて他人への配慮が足りないと思うのであれば、もう少し人の気持ちに寄り添うよう気をつけることです。

身体の健康も心の健康も、基本的には同じです。

健康になるためには、自分の身体に足りないものを明らかにし、運動や食事など必要な要素を整えていくことが必要です。

心もそれと同じです。心の健康は幸福度診断をすれば今の状態がわかりますから、時々チェックしてみるといいでしょう。自分の今の状態を把握して「幸せの４つの因子」をバランスよく整えることで自らの幸福度を高めていく。このように、幸福学をうまく使ってほしいと思います。

ただし、精神的に辛いと感じる時は、無理をしないでください。

たとえばジョギングが身体に良いとしても、体調の悪い時にはお勧めできません。そんな時はジョギングではなくウォーキングや散歩の方がいいでしょう。また、場合によっては動かない方がいいでしょう。

それと同じように、まさに今、人間関係がこじれまくって辛い思いをしている人に「相手の気持ちになりましょう」なんて言っても無理ですよね。そういう人はゆっくりリハビリをするように、自分の心の状態を見ながら、今できることから少しずつ始めたらいいのです。

「千里の道も一歩から」と言うように、自分の幸せという頂点を目指しながら、まずは一歩ずつ歩いていくことが大事なのです。

第3章　他人と比較することの無意味

人と比べるとなぜ不幸になるのか

ここからは、若い世代が特に悩みがちな問題に焦点を絞ります。

それは、「人との比較」と「孤独感」です。

まず第3章では、他人との比較から抜け出すための方法についてお伝えします。

第1章でも触れたように、**他人との比較による幸せは長続きしない**ことがわかっています。

でも、若い時期は特に人と比べられる機会が多いと感じる年頃かもしれません。テストの点数や学校の成績、偏差値、運動能力、それに受験や就職などの機会で、ことあるごとに人と比べられます。

私が日本の教育で特に問題だと思うのは、本来は個人個人の能力や理解度に合わせた教育をすべきなのに、偏差値重視の画一的な教育が行われている点です。偏差値偏重主義は少しずつ減ってきているようですが、いまだに人と比べてダメ出しをする親や教師もたくさんいますよね。

子どもが10人いたら、10人それぞれの良さを認め合い、伸ばしていくのが教育の理想ですが、偏差値や成績という画一的な軸で比べる比較教育はそうではありません。

10人のうち1位を取った子は満足、2位や3位くらいまではまあまあ満足かもしれませんが、それ以外の人はそうではないし、6位以下は自分に対して情けない思いすら抱いてしまうかもしれません。人と比べて勝つならまだしも、負ければ挫折感につながってしまうのです。

前にお伝えしたように、幸せな人の特徴の1つは「ありのままに」です。自分と他人を比べることなく、ありのままの自分を受け入れることが幸せにつながるのですから、その反対の比較教育はトップ以外の人が不幸になる仕組みといえるでしょう。

もちろん、中には「次のテストで絶対に1番を目指すぞ」などというように、比較がモチベーションの源になることもありますが、一般的には、他人との比較は幸福度にネガティブな影響を及ぼす可能性が高いのです。

私は、日本の子どもの自己肯定感が低い背景には、やはりこうした比較教育の影響があると考えています。

人は長期的に強いストレスに直面していると、「どうせ自分は何をやっても無駄だ」と思い込んで無気力になってしまうことがあります。「学習性無力感」と呼ばれる状態です。

比較教育がどの程度のストレスを与えるかはその人の受け取り方次第ですが、ひょっとしたら、本当は子どもたち一人ひとりに素晴らしいポテンシャルがあるのに、長い間人と比べられて育つことでやる気を失い、発揮できていないのかもしれません。

また、日本の教育というのは、人と比べるだけでなく、人より劣っているところを直そうとする教育です。平均より下の成績があれば、平均値に押し上げようとします。

そのため、「なぜあなたはここができないの？」と、今できていることよりも、できていないことに目を向ける傾向があります。

つまり、その人の個性を伸ばすのではなく、平均化する教育です。

いわばマイナスにフォーカスする教育ですが、こうした教育のもとでは子どもたち自身が自分と周囲を比べるようになったり、相手の顔色をうかがったり、自己肯定感が低くなってしまうのも無理はないと思うのです。

できたことに目を向けるか、できなかったことに目を向けるか

一方、欧米では、マイナスよりもプラスにフォーカスする教育が一般的です。できなかったことよりも、できたことに目を向けます。

そういえば、アメリカに滞在していた時に驚いたことがありました。

ある時、近所の３歳くらいの子どもが坂道を走っていたのですが、その子のお母さんは「ここは坂道だから気をつけて」とだけアドバイスしていました。

すると、その子がパタッと転んでしまいました。そうしたら、そのお母さんはこう言ったのです。「Good job!（よくやった！）」と。「坂道を走るという難しいタスクに頑張ってチャレンジしたね。失敗したけれども、次につながるよ」というニュアン

スでしょうか。

こんな時、日本の親なら事前に走ってはいけないと止めるかもしれないし、転んだら「ほら、走ったら危ないって言ったでしょ！」と叱る人も多いかもしれませんね。あるいは、「大丈夫？　けがしなかった？」と結果に注目する人も多いでしょう。失敗した時に勇気づけるコメントはなかなか出てこないのではないでしょうか。

また、アメリカで野球のリトルリーグに入った知り合いの日本人の男の子は、試合で三振してしまった時、監督に「Nice try!」と言われて、びっくりしたと言います。怒られるかと思ったら、褒められたのです。挑戦することに意味があると考える親や指導者のもとでは、失敗しても、次はもっと頑張ろうと思えますよね。

フィンランドで出会ったトナカイ飼いの少年のことも忘れられません。

彼はトナカイ飼いとして自立していましたが、胸を張ってこんなことを言っていました。「僕は、国語も算数も理科も社会も2点とか3点だけど、自分を信じる力だけは10点満点だから問題ない」

日本だと、算数も国語も2点だったら、自分を信じる力も2点になりそうですが、「自分の力を信じよう」「あなたは大丈夫」と言われて育ったために、自信を持って自立できているのです。彼の幸せそうな顔を見ながら、ここまで堂々と答えられる日本の子どもは見たことがないと思ったものでした。

このように、欧米や北欧には、子どもを褒めて伸ばそうとする文化があります。彼らにとって大事なのは結果ではなく、プロセスです。勝ったか負けたか、成功したか失敗したかではなく、まずその子が行動したことやチャレンジしたことを褒めて伸ばす。できないことよりも、できたことに目を向ける文化です。「よく頑張った。さらにここに気をつけると、もっと良くなるよ」と応援してもらいながら、失敗を恐れずに経験を積み重ねていくことで、子どもの「失敗しても大丈夫」「自分は大丈夫」という自信が育っていくのです。

そのため欧米や北欧の社会は、その人らしさを前向きに捉える「ありのままに因子」が高い傾向があります。

もちろん、欧米社会に何も問題がないわけではありません。特にアメリカは格差社会であるため、職業による貧富の差や教育格差も大きいという問題を抱えています。

それでも、いわゆるブルーカラーの人々にも自分の仕事に誇りを持って働いている人が多く、大人も子どもも総じて自己肯定感が高い印象があります。

こうした傾向は、大学選びにも表れています。

アメリカでは、成績の良い生徒が必ずハーバード大学に行くわけではありません。世界大学ランキング上位に入る大学にはハーバード大学の他にも、スタンフォード大学やイエール大学、マサチューセッツ工科大学、カリフォルニア大学バークレー校などいろいろありますが、学生たちはそれぞれの学校の特色を知り、自分の興味のある研究や学びができる大学や自分の特性に合った大学を選んでいます。

しかし、日本の大学入試では、偏差値という軸だけで選び、とにかく偏差値の高い大学を目指そうとする傾向があります。

そのため、トップ大学に入れた人だけが大きな自信を持ち、残りの人には挫折感が植え付けられてしまうのです。

人と比べる社会、どうしたらいい？

では、今まさに進学や就職などに直面している人は、どうしたらいいのでしょう。

まず皆さんに忘れないでいただきたいのは、**不幸な人ほど自分と他人を比べる傾向にあり、幸せな人ほど自分の価値観で自分を評価する傾向にある**ということです。

他人の評価に一喜一憂するのではなく、自分自身の評価を信じてほしいのです。

そして、もしも自分と誰かを比べて、嫉妬や情けなさなどネガティブな感情を抱いてしまったら、「あ、今、不幸な人の考え方になっているな」と自覚して、「自分は自分」と気持ちを切り替えてください。

ただ、そうは言っても、すぐにそうなるのは難しいかもしれません。

私自身、若い頃には人のことばかり気になっていた時期もありました。

では、どうしたら「自分は自分」と思えるのでしょうか。

まず、大きな流れとして、時代が変わっていることを知っておく必要があります。日本の教育はこれまで画一的な傾向がありましたから、皆さんも偏差値や成績などが気になってしまうかもしれませんが、今後は変わっていくはずです。

小学校では２０２０年度、中学校では２０２１年度、高等学校では２０２２年度から、児童・生徒たちの授業内容を定める基準である「学習指導要領」が新しくなり、「主体的・対話的で深い学び」が導入されています。日本の学校も、それぞれの生徒の個性を生かした学びへと方向を変えようとしているのです。

そして一部の学校では、すでにアクティブラーニング（生徒が能動的に学ぶ試み）やグループラーニング、反転授業（生徒が教える授業）など、生徒の自主性を発揮するための授業に取り組んでいます。こうした学習によって自分の良さや個性が見つかり、自己肯定感が高まると考えられます。

すべての教育現場にこうした理念が浸透するのはまだ先かもしれませんが、少しずつ変わろうとしているのです。

このように学習指導要領が変わったのは、時代が変わっているからです。

今後はインターネットによってさらに国際化が進み、ＡＩ（人工知能）も発展していきます。今は先の予測が難しい状況にあるため、ＶＵＣＡ（Volatility：変動性、Uncertainty：不確実性、Complexity：複雑性、Ambiguity：曖昧性）の時代といわれていますが、これからは世界中で産業の構造が劇的に変わっていくでしょう。

そのため、これまでは「いい会社」と呼ばれていたような企業でも、環境の変化に適応できなくなる時代がきています。大企業も決して安泰ではないのです。

私が教鞭をとっている慶應義塾大学でも、企業に対する学生たちの意識に大きな変化が表れています。

それは、大企業に入りたいという学生が年々減少し、その代わりに起業したいという学生や、ベンチャー企業に入りたいという学生が増えていることです。

大企業の人事担当者から「最近は優秀な学生がいない」とか「最近の学生は覇気が

ない」などと言われることもありますが、大学の教員として見ている限り、優秀な学生が大企業に行かなくなっただけで、彼らは自分で起業したりベンチャー企業に入ったりしているのです。

そして、社会の側も変わりつつあります。

「偏差値の高い大学に入れば、あとは安泰だ」と信じている親御さんもいるかもしれませんが、大学の教員として言わせていただければ、良い大学に入れれば一生安泰という時代は終わりました。

確かに、昔は高校時代まで必死で勉強して偏差値の高い大学に入ったら、大学時代は遊んでいても一流と呼ばれている企業に入れました。

しかし、今は偏差値の高い大学に入っただけでは成功できません。**どの大学に入ったかではなく、その大学で何を学んだか、大学生活の間に何をしたかの方が重要なのです。**

ですから、それほど偏差値の高くない大学にいたとしても、大学時代にきちんと勉強や研究やさまざまな活動を頑張っていた学生は自分が満足できる就職をしています。

企業の側も偏差値が高いだけの学生より、やる気や熱意のある学生や向学心の高い学生、専門知識を学んでいる学生を求めているのです。

つまり、「良い大学に入って大企業に入れば安泰」「学校の勉強ができれば成功」という図式はもう成り立たないということです。

正解のない時代こそ、個性を伸ばそう

このように、これからは「正解」がわからない時代です。社会に出ていく若い世代こそ、自分の力をしっかりつけておく必要があります。

では、これからはどんな力が必要になるのでしょうか？

「どうなるかわからないから、とりあえず偏差値の高い大学に行っておけ」という親御さんも多いかもしれませんが、先ほど言ったように私はそれには反対です。

もちろん、あなた自身がそれを望むならいいのですが、人から押し付けられて嫌々学ぶと身に付きにくいだけでなく、あなたが無気力になってしまうこともあります。

まずは、あなた自身が、**なぜ勉強しなければいけないのか、自分は本当に大学に行きたいのかを真剣に考える**べきです。

その結果、自分には勉強や大学なんて必要ないと思ったらしなくてもいいし、やっぱり勉強は必要だと思ったらすればいいのです。

まずは、何のために大学に行くのか、大学に入った後にどうなりたいのか、自分は何をしたいのかをじっくり考えてみてください。

「勉強しなさい」と口うるさく言ってくる親は、良かれと思って言っています。あなたに頑張って上を目指してほしいから言うのでしょう。そのことは忘れてはいけませんが、ただ、親の意見だけが正解ではないことも理解しておく必要があります。

そして、勉強するにしても、自分の意思や判断を尊重することが大事です。

特に大事なのは、自分が何をしたいのかということです。ぜひ、自分が好きなことや興味のあることに取り組んでほしいと思います。

というのも、これからのＡＩ時代に求められるのは、ＡＩにはない創造力とコミュニケーション力だからです。

ＡＩがカバーできないのは、個性や感性、芸術、創造性、コミュニケーション力などの領域です。

勉強しかできない人や偏差値が高いだけの人は、むしろＡＩ時代には不利になる可能性もありますから、学校の内申点や学力偏差値ばかり気にしていては成功できません。でも、自分にしかない個性を磨いておけば、ＡＩに負けることはありません。

自分のできないことを気にするのではなく、できることや得意なことに注目して小さな成功体験を積み重ね、自分に対する信頼や自信を育てることが大切です。

また自分の個性を磨き、自分の良さを認めることは、幸せの条件とも一致します。期せずして、人間が創造性に溢れる幸せな仕事をし、ＡＩが不幸せな単純労働をしてくれる時代がやってくるのです。

自分が夢中になれること。時間を忘れて没入できること。あるいは「あのことだったら〇〇さんだね」と言われるようなこと。「それ」があるおかげで、クラスや学年、組織で唯一の存在になれること。

ぜひ、そうしたものを探してみてください。

私の友人の子どもは、魚の胸びれとえらの間付近にある魚の形をした骨（鯛中鯛《たいちゅうのたい》）に強い興味があり、魚屋さんに行ってひたすら集めているそうです。その子が先日テレビに出て、さかなクンに「君はすごいね！」と褒められて話題になりました。

今はインターネットで数十億人につながる時代ですから、もしかしたら南アフリカに鯛中鯛の情報を欲している人がいるかもしれません。世界中から「日本に鯛中鯛に詳しい奴がいる」と発見してくれる人が出てくれれば、それが未来につながっていくのです。

アインシュタインもこう言っています。


誰もが天才だ。しかし、魚の能力を木登りで測ったら、魚は一生、自分はだめだと信じて生きていくことになるだろう。

あなたの得意なことは木登りではなく、泳ぐことかもしれません。もしかしたら、飛ぶことなのかも。とにかく、いろいろなことを試さないうちから「自分はだめだ」なんて思い込まないことです。

一つ付け加えると、どんな時代になっても、基礎的な知力や学力をつけておくことは重要です。

そもそも「学ぶ」という行動には、幸せの４因子のうち「やってみよう因子（自己実現と成長の因子）」が含まれていますから、自分から学ぶことで幸福度が高まっていきます。

ですから、勉強が嫌いだという人も、やはり「学ぶ」こと自体は好きになった方がいいでしょう。

その場合は自分が苦手なことではなく、好きなことを学べばいいのです。興味を持てること、夢中になること、ワクワクすることは何か。それを探してコツコツ進めていくことが幸せにつながります。偏差値という画一的な価値観に縛られるのではなく、自分の可能性や興味を広げ、夢を実現するために学ぶと考えるのです。

そして、一気に100点を目指すのではなく、70点を80点に、80点を90点に、90点を95点に……と少しずつ力をつけていくことを考えましょう。あなたの知力や学力がつけばつくほど視野が広がり、夢の実現までの道のりも近づいていくはずです。

何より大事なのは、自分が進む道は自分で考えて進むということです。

自分の強みの見つけ方

ただ、自分の好きなことや強みを見つけようという話をすると、よく返ってくるのが、「自分の好きなことがわからない」「自分には強みがない」という声です。

そこで私の考える「強みの見つけ方」を4つお伝えします。

①自分から行動する
②小さな挑戦から小さな成功を積み重ねる

③自分を褒めて育てる
④世界を知る

まずは自分から行動することです。シンプルですね。

でも、好きなことが見つからないという人に話を聞いてみると、自分から行動していない人が多いのです。学校から帰ったら、親から言われたように塾に行って勉強して1日が終わる。また、ゲームや動画鑑賞など受け身的なことだけやっている。このように受動的に生きているだけでは、自分の好きなことは見つかりません。

本当は、さまざまなタイプの人と会うとか、学校や職場以外の場所でなにかの活動をする、本を読む、自然に触れる、キャンプをする、旅行するなど、さまざまなことをする中で、自分が気になるものが出てくるはずです。

そういえば、社会問題解決を目的とした事業を行うボーダレス・ジャパンという会社を経営する田口一成さんもこんなふうに話していました。

彼は、若いうちは好きなことが見つからなくて当たり前だと言うのです。なぜかというと、若い人はまだ好きなことや個性を磨いて強みに変えられていないからです。自分の強みなんてわからないのは当然で、それを悩む必要はない、と。

確かに、さっきの魚の骨の話のように、人は好きなことを突き詰めていくうちに、「すごいね」と認められ、そのことでますます得意になって面白く感じるようになります。自分の好きなことが見つかれば、それを補強していくことで自分の強みができていく。逆に言えば、それを始める前に得意なことがないのは当然です。

そこで田口さんは、「自分の得意を見つける方法」を教えてくれました。

それは、**少しでもいいから、好きなことやワクワクすることを10個、書き出してみる**という方法です。

ちょっと気になること、興味があるなと思うことでいいのです。そして、その10個を**すべて少しずつやってみて、その中で一番面白かったことや夢中になったことを、今度は「とことん」やってみる。**

だまされたと思って、たとえば1か月くらい続けてみるといい、と言います。1か月くらい続けていればある程度はうまくなりますから、そこでまた他にやりたいことや好きなことをやって、どっちがいいかを比べてみる。

それを繰り返していくうちに、それこそ、さかなクンが魚の専門家（東京海洋大学名誉博士）になったように、得意なことや強みが見つかるはずだというのです。

田口さんのおっしゃることには同感ですし、これは面白い方法だと思います。

今、得意なことや強みがないとしても、それはあなたの欠陥ではありません。皆がそうなのです。自分から行動しなければ、なかなか見つかりません。

自分が好きなものや興味があるものであればなんでもいいと思いますが、できれば受け身でないものがいいでしょう。

たとえばコンビニのスイーツが好きなら、とことんコンビニの美味しいスイーツを探してみる、でもいいと思います。コンビニのスイーツに超詳しい人になれば、相手の好みを聞いて、それにぴったり合うスイーツをお勧めすることができます。人にも喜ばれるから自分も嬉しくなり、皆が幸せになります。

私の会社員時代の同僚には温泉の専門家がいました。彼はもともと温泉が大好きで全国を巡っていたのですが、やはり詳しいので、そのうち「温泉王」としてテレビに出るようになりました。

こんな人もいます。日本マクドナルド株式会社のサラ・カサノバ会長は子どもの頃からマクドナルドが大好きだったそうです。学生時代の論文テーマにマクドナルドを選んだだけでなく、「マクドナルドでしか働きたくない」と就職もマクドナルド一本に絞りましたが、不採用。でも諦めずに、カナダの社長に「どうしても仕事がしたい」と手紙で直訴して、熱意で採用を勝ち取りました。入社後も熱心にマクドナルドの仕事を続けた結果、彼女は今では日本マクドナルドの会長にまでなっています。

どんな人でも1万時間、練習や勉強を続ければ一流になれるという「1万時間の法則」というものがありますが、逆にいえば、**どんなことでも、ある程度は続けなければ得意にはならない**ということです。

もちろん1万時間というのは一つの例にすぎませんが、誰だってやり続けなければ、好きなものも得意なものも見つからないのです。

大事なことは、自分で決めて、自分で行動することです。主体的な行動の多い人は幸福度が高い傾向にあります。

もちろん、若いうちは自分で決められないことも多いかもしれませんが、それでも何かを始めることはできますし、時間の使い方は自分で決められると思います。

まずは、自分の好きなことやワクワクすることを10個考えてやってみるだけでも、考え方が変わってくるはずです。

「自分はこれが好き」「私はこんな分野に興味があるようだ」など、自分の人生を主体的に捉えられるようになると、「もっとこれをしたい」という意欲が生まれてきて、好循環になっていくのではないでしょうか。

それに、何かに夢中になって没入することを「フロー」とか「ゾーンに入る」といいますが、**精神的に集中している時は、創造性も生産性も高まります。**

もしかしたら、勉強以外のことを始めたら、親御さんは反対するかもしれません。でも、こっそり書いておきますが、これはあなたの人生です。まずは自分を信じて自分の好きなことを磨いてみてください。あなたの将来を心配する親御さんの思いも尊重して、心配され過ぎない程度に耳を傾けながら、自分の強み・自分の好きなことを探していくことをお勧めします。

小さな挑戦から始め、小さな成功を積み重ねる

２つ目は、小さな成功体験を積み重ねていくことです。

私自身、人の目が気にならなくなってきたのは成功体験を持てるようになってからです。仕事で成果や実績を出すうちに少しずつ自信がついていき、周りの目があまり気にならなくなってきたのです。

でも、いきなり大きなことを成し遂げるのは難しいので、まずは小さな挑戦を始め、小さな成功を積み重ねることをお勧めします。夢や目標が大きすぎると、どう進んだ

らいいかわからなくなり、途中で挫折する可能性も高くなるからです。

「失敗したらどうしよう」と思う人もいるかもしれませんが、誰でも失敗すれば辛く感じますが、成功すれば嬉しくなって、やる気や自信がどんどん湧いてきます。だからこそまずは小さく挑戦して、小さな成功体験を一つずつ積み上げていくことが大事なのです。

また、夢が大きすぎる人よりも、小さな夢で満足する人のほうが幸せだという研究結果もあります。達成の度合いが大きくても、小さくても、夢を達成していくことで人は幸福になれるのです。まずは小さな成功体験を積み重ねていきましょう。


そもそも、挑戦をしなければ、成功も失敗もありません。人は成功したり、失敗したりする経験を通して自分の強みや弱みがわかってくるのです。

あるアメリカの調査会社が80歳以上の人に「あなたの人生でもっとも後悔していることは？」というアンケートを取ったところ、**７割以上の人が選んだ１位の答えが、「もっとチャレンジすればよかった」**でした。

2位は「他人の目を気にしなければよかった」、3位からは「幸せをもっと嚙みしめて生きるべきだった」、「もっと他人のために尽くすべきだった」、「クヨクヨ悩まなければよかった」、「家族ともっと時間を過ごせばよかった」だったそうです。

こうしてみると、上位に入ったのはまさに「やってみよう」「ありがとう」「なんとかなる」「ありのまま」の4因子ですよね。また、どれもやらなかった後悔です。

「やりたいことがない」という人は、仲間や友だちと一緒に楽しみながらやってみると、見つかることもあります。また今は、オンラインのイベントなど気軽に参加できるものもありますから、有効に利用してみましょう。

そして、挑戦したけれどうまくいかなかったら、他の選択肢を選べばいいのです。

小さな挑戦から始めれば失敗も小さくて済みますから、うまくいかなかったら次に進めばいい。トライアンドエラーの精神で、たくさんの選択肢を考えてみましょう。

自分を褒めて育てる

自分の強みを見つけるための３つ目の方法は、自分を褒めて育てることです。

若いうちは、自分のことなどよくわからないという人も多いかもしれません。特に中高生くらいの第二次性徴期は気分がモヤモヤしていて、自分のポテンシャルどころか、長所も欠点もわからないという人は多いと思います。

では、どうすればいいかというと、先ほどと同じ話になりますが、結局はいろいろなことを経験してみるしかありません。

自分が好きなことをやるのも大事ですが、学校生活や社会生活では、苦手なことや嫌なこともやらなければいけません。でも、それが大事なのです。好きなことも嫌いなことも、いろいろやってみる中から自分の個性というものがわかってきます。

ですから、「学校生活なんてダルい」と思うこともあるかもしれませんが、すべてロールプレイングゲームだと思ってやってみるといいでしょう。**ゲームの中のキャラ**

クターを育てる感覚で、楽しみながら「自分」というキャラを育ててみるのです。

育てる過程では、いいところを伸ばしていくことが重要です。

今はまだよくわからなくても、自分のどこが強いのか、どうしたらもっと強くなるのかを試しながら探っていきます。

私自身、30代の頃には、自分が「幸せ」の研究者になるなんて思ってもいませんでした。ロボットの研究をしていたはずなのに、ちょっと「心」の分野を覗いてみたら面白かった。面白いから夢中になって研究していたら、どんどんそちらが大きく成長していった。そんな感じです。

だから、私が若い人に伝えたいのは、**皆、必ず何らかのポテンシャルを持っていて大きな可能性があるのに、今はそれが見えていないだけ**、ということです。

これをいくら学生に言っても、「それは先生だから言えるんです。成し遂げた人は言えますよね」などと言われてしまうのですが、本当にそうなのだから、そう言うしかありません。私も、若いころは、好きなことと強みを見つけられない若者でした。

しかし、年月をかけて可能性を育んできたのです。

そもそも、人間にはたくさんのポテンシャルがあるはずです。まずは自分の良いところ、自分のできることに注目してみましょう。

もしも自分の強みを考えてみたけどわからないという場合には、友だちや家族に聞いてみることをお勧めします。以前、「自分には強みなんかまったくない」と言い張っている人がいましたが、周囲の人に聞いてみたら「優しい」「粘り強い」「親切」など、どんどん出てきました。このように、自分で自分の良さがわからないという人は仲間同士で見つけ合うといいですね。

また、強みというと英検一級などのようなすごいものを想像するかもしれませんが、「気配りができる」でもいいし、「折り紙が得意」でも「あやとりが上手」でも、なんでもいいんです。

とにかく、自分のいいところに目を向け始めると、意外といろいろな魅力があることに気づくはずです。

というのも、人は過去の挫折経験やトラウマなどにとらわれて、「どうせ自分にはムリだ」といった間違った思い込みをしていることが多いからです。

たとえば以前、「自分には魅力がないから、友だちが少ない」と思い込んでいる人がいましたが、これは間違った思い込みです。

友だちの数が多いか少ないかは、必ずしも人間的な魅力とは比例しません。

確かに、自分から積極的に話しかける人の方が友人は多くなるかもしれませんが、消極的だからといって、その人に魅力がないということではないはずです。大人しい性格でも人を大事にする人かもしれないし、地道に頑張れる人かもしれないし、ユニークな考えを持っている人かもしれません。

不幸せな時というのは視野が狭くなっていて、自分の良いところが見えなくなっている状態です。本当は良いところもいっぱいあるのに、自分はダメだ、価値がないなどと思い込んでいるのです。

人と友だちの数を比べても、なんの意味もありません。それより、自分の良いところを探してみてください。それが見つかったら「お！　意外にすごいじゃん。もっと行けちゃうんじゃない？」くらいのカジュアルな声かけで、自分を褒めてあげてください。

世界を知る

そして4つ目は、世界を知ることです。

多くの人が、自分の周りの小さな仲間内での評判を気にしています。特に若いうちは視野が狭くなりがちです。

しかし、日常とはまったく違う環境に身を置くことで、今まで自分が小さな世界の中にいたことに気づくことがあります。私は28歳でアメリカに留学した際、生活様式や考え方が日本とアメリカでは違うとは聞いていたけれど、こんなに違うものかとびっくりしました。そして思ったのです。自分はこれまでクヨクヨ考えすぎていた、どうして自分はこんなことで悩んでいたのだろう、と。

もちろん日本には日本の良さもありますが、ずっと日本にいると、「自分と他人が違っていて当たり前」ということに気づきにくくなりがちです。

こうした体験は海外でなくてもかまいません。海外でも国内でも、とにかく「いつもの世界」から離れて多様なことを経験する必要があるということです。今までとは違う世界を見て初めて、これまでの世界の狭さに気づくこともあります。

コロナ禍以前から海外留学する日本人学生の数が減っているようですが、こうした数字だけを見て「今の若い人たちは覇気がない」と非難しても意味がありません。私の見る限り、留学生の数が減ったとしても、その分、本当に学びたいという意欲の強い学生が多くなっていると感じますし、今は海外でなく、国内でもさまざまな体験ができる時代です。

たとえば、私の知人に、大学の建築科を卒業した後、実地で学びたいと言って地方で木こりになった人がいました。でもその後はビジネスの世界に進み、マッキンゼー・アンド・カンパニージャパンでコンサルタントをしています。もともと優秀な人材であることに加え、こうした経歴が面白いために企業からも注目されたのでしょう。

この他にも、昔なら官僚か大企業のエリート社員になっていたような学生たちが、今は世界放浪の旅に出るとか、ベンチャー企業に入る、ユーチューバーになるなど、さまざまな経験をしています。

今の若い人は覇気がないのではなく、多様化しているのです。

そう、今は他人の目や評価を気にして縮こまっている時代ではありません。

他人と比較することに、何の意味もないのです。

体力のある若い時期こそ、いつもの狭い世界から飛び出して、広く多様な世界を見てください。そしてたくさんの成功や失敗を経験して、あなたの良いところをどんどん伸ばしていってほしいのです。

第4章

孤独でもいいですか

多様な人と付き合うと幸せになる

２０２１年5月に野村総合研究所が行ったアンケート調査によると、「20代男性の52・9％、女性の56・8％が孤独感を感じている」といいます。

この割合は上の世代より多く、**20〜30代の2人に1人が、日常生活で孤独感を感じているそうです。**

ただし、孤独が大きな課題であることは若い世代に限った話ではありません。

この章では、友人や家族、周囲の人とのつながりについて考えてみましょう。

このアンケート結果が示しているように、今、多くの人が孤独感を感じています。

第2章で「ありがとう因子」（人とのつながりや感謝）を感じている人ほど幸せだという話をしましたが、もしも今、あなたに友だちがいなくて孤独感や寂しさを感じているのであれば、少しずつでいいから、誰かと一緒に過ごす時間を増やすようにしてみましょう。

中には、「いや、自分は１人でいてもまったく孤独感を感じないし、むしろ１人が好きなんだ」という人もいます。そういう人は、それでいいのです。自分の中で物事が完結できているため、友だちを必要としないという人もいるでしょう。

そういう人は無理をして自分を変えることはありませんが、もしも孤独感を感じているのなら、**誰かに声をかける、挨拶をするなど、自分から何かの行動を起こした方がいい**と思います。

もちろん自分と合わない人と無理して仲良くなる必要はありませんが、クラスや職場を見回してみれば、自分と似ている人がいるかもしれません。また、あなたと同様に、友だちが欲しいけれど自分からはなかなか話しかけられないと思っている人もいるはずです。そういう人を探して、思い切って少しずつ話しかけてみるのです。

また、友だちは別にクラスメイトや同級生、部活の仲間でなくてもかまいません。アルバイトや習いごと、趣味の集まりから探してみてもいいし、まったく違う場で見つけてもいい。そのために、さまざまな場や活動に参加してみるのもお勧めです。

そして、孤独感を感じている人の中には、もう一種類の人がいます。友だちがいるのに孤独感を感じている人です。

先ほどの調査でも20〜30代の半数以上が孤独感を感じているといいますが、それほど多くの人に友だちがいないということはないはずです。友だちがいるにはいるけれど孤独や寂しさを抱えている人が多い。それが現状ではないでしょうか。

そういう人にお伝えしたいのは、「友だちの数ではなく、友だちの種類を重視しよう」ということです。

どういうことかというと、友だちの数よりも、多様性の方が幸福度に影響するという研究結果があるのです。友だちの数が多いか少ないかより、幅広い人間関係があるかどうかが重要。つまり、**さまざまな種類の人と付き合っている方が幸せになる**ということです。

自分と同じような立場の友だちや、気の合う仲間とだけ過ごしている方がラクだと思うかもしれません。

でも、自分と違う立場の人や価値観の異なる人と付き合ってみると、思いもよらない意見や考えが出てくることがあります。そうした意見や考えは新しい気づきを与えてくれます。

また、いつも同じ人たちとだけ付き合っていると、自分の視野が狭くなりがちですが、たとえば違う国で生まれ育った人や違う世代の人、普段まったく関わることのない職業の人などと話をすることで視野が広がり、価値観が変わることもあります。

私もアメリカに留学していろいろな国の人と付き合ったことで、「あまり細かいことをクヨクヨ考えなくていいんだ」と気づき、考え方が前向きになりました。

ですから、今なんとなく孤独感を感じているという人は、これからはむやみに友だちを増やそうとするのではなく、幅広い人間関係を持つことを考えてみてください。

先ほども言ったように、友人は同じ学校の人でなくてもいいし、同世代でなくてもいいのです。年代が上でも下でも、話が合う人であればいい。学校や職場に限らず、いろいろな場で探してみるといいでしょう。

また、学校や職場でもいつものメンバーとつるむだけでなく、あまり話したことのない人や、これまで付き合ったことのないタイプ、違うグループにいる人などに声をかけてみるのもお勧めです。

自分から行動を起こすと周りも変わっていく

若い世代からよく聞かれる質問に、「コミュニケーション能力の低い人は、どうしたらいいですか？」というものがあります。

人とのつながりが大事なことはわかる。でも、自分は内向的だから難しそうだ、と不安を感じている人が多いようです。

実は私も、高校時代まではひどく引っ込み思案で、内向的でした。恥ずかしくて、なかなか自分から話しかけることもできず、あまり友だちもいませんでした。

でも、大学で東京に出ることが決まった時、私は決めたのです。これからは、もっと明るくて外向的な人間になるぞ、と。

そこからは、意識して、あえて社交的に振る舞うようにしました。自分から声をかける、挨拶をするなどはもちろん、子どもたちをキャンプに連れていくボランティアのサークルに入って活動しました。創作活動にも興味があったので美術部に入り、2年生の時は外部との交渉担当に、3年生の時には部長になりました。

仲間とバンドを組んでサックスを吹き、スキーやテニス、ウィンドサーフィンなどに行き、当時流行っていたディスコにも行って踊りました。アルバイトで飲食店に勤め、家庭教師もしました。とにかく、その時の自分にできることを片っ端からやってみたのです。

最初の方こそ、うまくいかなくて悩むことやぐったり疲れることもありましたが、次第に慣れてきました。何より、高校時代までには感じたこともなかった楽しさと充実感がありました。「陰キャ」だった私も、行動を起こすことで、どんどん変わっていったのです。

ですから、私が若い人に言いたいのは、頭でいろいろ考えていても変わらないけれど、実際の経験によって自分も周りの反応も変わっていくということです。

第2章でもお話ししたように、性格の半分は遺伝的なものですが、半分は後天的なもの。自分の努力や意識で変えていける部分もあります。

私のように一気にやる必要はありません。人と接する機会を少しずつ増やしていくことです。今はリアルで人と会う場、バーチャル環境で会う場の両方があるので、どちらも併せながら、多様な人と接する機会を増やしていくといいと思います。

自分の心に聞きながら、できる範囲で

また、素晴らしく輝いている人がいた時、その人のそばにいて元気が出る人と、自分を卑下したくなってしまう人がいます。本来は人と自分を比べるべきではないのですが、後者は、輝いている友だちと自分を比べて情けなく感じてしまうというケースです。

ですから、その人と一緒にいて楽しいかどうかを自分の心に聞きながら、できる範

囲で付き合っていくことが大切です。

もしかしたら、太陽のようにキラキラ輝いていて友だちの多い人よりも、一見普通っぽいけれど、どこか光るものを持っている人の方が、あなたに合っているのかもしれません。

実は、**幸せも不幸も、周りにうつる**ことが、研究結果から明らかになっています。幸せな人がいると、周りの人も幸せになっていく傾向があるのです。

また、人は今の自分より少し上の目標を立てるとモチベーションがアップするため、友だちも「自分よりちょっと幸せそうな人」を選ぶといいかもしれません。

とにかく、どんな時も自分の心の状態をよく観察しながら、決して無理をせず、友だち付き合いをしていくことが大切です。

そういえば、「自分のそばに不幸せそうな人がいるのですが、どうすればいいでしょうか?」といった質問を受けることがあります。

先ほども言ったように不幸せも周囲にうつりますから、自分が本当に辛い時は不幸せそうな人からは少し離れた方がいいでしょう。

やはり、落ち込んでいる人のそばにいると、こちらも落ち込みやすくなりますし、いつも怒っている人のそばにいると、こちらも怒りやすくなります。ですから、自分の心に余裕がない時はこうした人からは少し距離を置いた方がいいのです。

ただし、もしあなたに余力があるのであれば、辛そうな人の話を聞いてあげるのもいいと思います。怒っている人や落ち込んでいる人は、寂しがり屋だったり、過去の失敗にとらわれて苦しんでいたり、とにかくウェルビーイングではない状態にあるため怒りっぽくなっていたり、妬みやすくなっていたりするのです。

カウンセリングの手法に、「リフレクション」というものがあります。相手の話を聞いて、相手の言葉を繰り返すという方法です。アドバイスはせず、じっくり話を聞いてあげるだけで、相手の心が落ち着いてきます。

だから、あなたが相手のことを大嫌いになってしまう前に、「大丈夫？」「何かあったの？」と声をかけて、ゆっくり相手の話を聞いてみるのも一つの方法です。

その際は、何かいいアドバイスをしなくちゃ、と思う必要はありません。ただ話を聞くだけでいいのです。

他人のために行動する人は、幸福度が高いという研究結果もあります。友だちの相談に乗った結果、相手の心が落ち着いたら自分は友だちの役に立てたという幸福感も湧いてくるはずです。これこそ長く続く非地位財の幸せです。

一つ付け加えると、**周りから性格が悪いと言われている人は、幸福度が低い**ことも研究結果からわかっています。ですから、いつも意地悪なことを言う人や攻撃的な人、横柄な態度の人、ずるい考えの人などは、実は自己肯定感が低く、幸福度の低い状態です。嫌な人というよりも、むしろ「かわいそうな人」といえます。

そういう人の「同情できる点」を探してみると、それほど腹が立たなくなることもあります。また、相手の悪い点ではなく良い点を探してみることで、こちらの心が落ち着いてくることもあります。

友だちと喧嘩した時も、相手の許せないところだけを考えていると、ますます憎くなってしまいますから、それより「どうしたら、自分はあの人を許せるか」と考えてみると、自分も相手も未熟だったと気づくことがあります。

でも、自分の中に憎い気持ちがあるうちは、そんなことは難しいですよね。そういう時は無理をせず、まずはいったん友だちと距離を置いて、心に余裕を作りましょう。

辛い時はその場から逃げていい

それから、もしもあなたが今いじめにあっているなら、無理をしてその場に留まっている必要はありません。

今あなたがいる場所は、この世界のすべてではないのです。本当の世界はもっと広くて、もっと多様です。今の場所が辛いなら、そこから逃げるべきです。

もちろん、逃げる前にできることなら誰かに相談してください。一人で悩んでいると、自分の悩みに凝り固まって視野が狭くなってしまいがちです。

私も中学1年の時、クラスメイトからいじめにあい、辛い思いをしました。「偽善者」というあだ名を付けられて、1年間ことあるごとにいじめられたのです。自分では覚えていませんが、理想的なことを語って顰蹙《ひんしゅく》を買っていたのかもしれません。

その1年間は学校に行くのが辛くてたまりませんでしたが、幸いなことに、翌年、親の転勤で遠くに転校することになりました。他の学校に転校した後は私も慎重になり、「目立たないようにしよう」と自分の言動に気をつけるようになりました。それによってさらに引っ込み思案な性格になってしまったかもしれませんが、とにかく転校によって、いじめからは解放されたのです。

その後はあまり思い出さないようにしていましたが、20年ほど前だったと思います。当時の私と同じ年代の中学生が「偽善者」というあだ名を付けられていじめられ、自殺した事件がありました。そのニュースを知った私は、こう思ったのです。やっぱり皆が幸せになる社会をつくるべきだ、と。

考えてみれば、私が今、幸福学の研究をしているのも、あの時期の辛い思いが影響しているのかもしれません。多感な時期に人間関係で苦しんだことが、工学者の私を人間の心の研究に向かわせたのではないかと思うのです。

それはともかくとして、当時の私は友人には相談しましたが、親には言えませんでした。自分がいじめられているなんて、情けなくて言えなかったのです。

だから「言えない」という気持ちもよくわかるのですが、やはり辛い時には1人で悩んでいるのではなく、親でなくても誰かに相談して、まずは胸の中の辛い思いを吐き出すことが大事です。

また、先ほども言ったように、問題のある人や場からは物理的に離れるのも一つの選択肢です。

今は、フリースクール（不登校の子どもが学校以外で学べる場。条件を満たせば出席扱いになる）や「中学校卒業程度認定試験」「高等学校卒業程度認定試験」などもあり、極端に言えば、必ずしも学校に通い続けなくても挽回できるようになっています。

大きなストレスにさらされている環境では勉強も手に付きませんし、ましてや人間関係についての学びにもなりにくいでしょう。

また、心の中はネガティブな感情でいっぱいなのに、「明るく振る舞わないと」と無理をしていると、ますますネガティブな感情が増えていきます。そもそも不安や落ち込み、怒りといったネガティブな感情は、人間の危機回避のためにあるものです。そうした感情を無視していたら、身体にも無理が出てきて成長を大きく妨げる危険があります。自分の心を守るためには、一定期間、家にこもって休息するという手段を使ってもいいと思います。

ただし、長期間家に引きこもっていると、深刻な孤独に陥るリスクがあります。家族も嫌い、友だちもいない、やりたいこともない、という状態で引きこもっているのは、自分では気づいていないかもしれませんが、とてもストレスフルで不健康な状態です。孤独はやはり幸せの敵ですから、学校には行かなくても、自分のできる範囲の活動をすることをお勧めします。

いわば「孤独感を感じない引きこもり」です。

積極的に買い物に出るとか、友だちと会う、自分がやってみたいことをやってみる、新しい活動を始めてみるなど、なんでもいいから行動することです。

あなたが熱中できるものや個性を発揮できる場所はきっと他にあるはずです。学校に行けないことに引け目を感じるのではなく、今は自分に適した場を探すチャンスだと前向きに捉えてみるのもいいと思うのです。

弱いつながりで孤独から抜け出す

さて、先ほど友だちは多様な方がいいという話をしましたが、友だちを作るために無理をして、さらに辛くなるようだと本末転倒です。

そんな人には、もう少し**ゆるいつながりや弱いつながりがお勧め**です。

専門用語で「弱い紐帯《ちゅうたい》」といいますが、誰かと深くつながるのではなく、会えば挨拶や立ち話をする程度の間柄とか、ちょっとした知り合いがたくさんいるような状態があれば心理的な安心感を抱くことができ、孤独感を抜け出すことができると言われています。

たとえば、日常的にご近所付き合いをしている人は幸福度が高く、その反対に挨拶すらしない人は幸福度が低い、という研究結果があります。別の調査によると、挨拶を重視している職場は幸福度が高い、ということもわかっています。

ただ、女性はよくスーパーなどでおしゃべりをしていますが、もしかしたら多くの男性はこうした挨拶や立ち話には苦手意識があるかもしれませんね。実際、女性の方がおしゃべりの傾向があるというのはデータにも表れていて、カリフォルニア大学の調査によると、女性は１日に平均２万語を話すのに対して、男性は平均７０００語だったそうです。

「女は話が長い」と言って炎上した政治家がいますが、一見ムダなおしゃべりや目的のない会話から、共感やつながりが生まれるというのも事実です。

もちろん仲の良い友だちとの深いつながりも幸福感につながりますが、弱いつながりも幸福感につながるのです。その人に合った強度でいいから、とにかく人とのつながりがあれば幸せになるということです。

ですから、友だちを作るのが苦手だという人は、まずは弱いつながりを作ることを考えてみましょう。たとえば趣味のコミュニティなどに入って、少しずつコミュニケーションを増やしていくのです。

特にお勧めなのは、多くの世代が共生しているコミュニティです。

今の日本は都市化して他の世代と触れ合うことが少なくなっていますが、昔の日本では多様な世代が触れ合っていました。村の中で落ち込んでいる人や引きこもっている人がいたら、「どうした?」と聞いてくれたり、おせっかいを焼いてくれたりする人がいて、そういう人と話すことで問題が解決していました。家の中には、たいていおじいちゃんやおばあちゃんがいました。

多くの世代が触れ合うことによって、同世代だけでは解決できないことも解決できたり、たくさんのことを学んだりすることができるのです。

ですから、たくさんの世代の人がいる多様性の高いコミュニティがお勧めです。趣味のコミュニティでも地域や学校のサークルでもいいと思います。とにかく自分と似たような人たちだけで集まっている場所ではなく、自分とは違うタイプの人と一緒にいるコミュニティに、ちょっと勇気を出して入っていくことが重要です。

今は、リアルなコミュニティだけでなく、オンラインもありますよね。オンラインでもさまざまなコミュニティやグループ活動がありますから、少しでも気になるものがあったら、まず参加してみるといいでしょう。

今の若い世代はオンラインゲームなどを通して多様な人とゆるくつながることもありますが、それも新しい形でのつながりですね。

オンラインといえば、ＳＮＳを使っている人も多いと思いますが、これにはちょっと注意が必要です。

ＳＮＳは誰かとつながる際には非常に便利なツールではあるけれど、ＳＮＳでフォロワーや友だちの登録数などを他人と比べて落ち込んでしまう人や、孤独を感じてしまう人もいます。見たくなくても他人の情報が見えてしまうため、孤独や寂しさを感じている人はますます不安になってしまう可能性があります。

ＳＮＳでつながっている人が多いと、なんだか魅力的な人に思えるかもしれませんが、本当にそうとは限りません。単に知り合いが多いとか、自分からたくさんの人に声をかけているだけなのかもしれません。

また簡単につながれるということは、簡単に切れてしまう関係ともいえますから、むしろ多くの人とつながっても虚しくなることもあります。ＳＮＳでフォロワーや友だちが増えても、孤独感を感じている人の心が癒やされるわけではないのです。

前に言ったように、日本には不安になりやすいタイプの人が多いため、ＳＮＳを使うことで必要以上に不安になったり、疎外感を覚えたりするかもしれません。

できることなら、日常的にＳＮＳを使う頻度や時間を減らしましょう。そして、誰かの投稿やフォロワーの数などを見て辛いと思うのなら、少し距離をおきましょう。誰かがＳＮＳで言っていることも真に受けすぎないことです。

オンラインを使うのであれば、ＳＮＳばかりやって不安になるよりも、コミュニティ活動などで多様な人間関係を手に入れることをお勧めします。

一生独りでもいい？

孤独といえば、日本では今、独りで暮らす人が増えてきています。それは生涯未婚率や単身世帯数の増加を見ても明らかです。

生涯未婚率というのは、50歳の時点で1度も結婚していない人の割合です。

２０２０年の生涯未婚率は、男性で25・７％、女性が16・４％でした。**男性の４人に１人、女性の６人に１人が一生独身の可能性が高い**ということです。

この傾向はさらに進むとみられ、国立社会保障・人口問題研究所の推計によれば、２０３０年には、男性は３人に１人、女性は４人に１人が生涯独身になるだろうと言われています。

それにしても、なぜこれほど生涯未婚率が増えているのでしょうか。

もちろん経済的な問題も大きいでしょう。また少子化も深刻化しているように子どもを産むことに消極的な風潮もあります。そもそも何のために結婚するのか男性も女性も考える時代が来ているのかもしれません。

皆さんはどうでしょうか。将来、結婚したいと思いますか？　そんなことはまだ考えられないという人も多いでしょうか。

1つだけ知っておいていただきたいのは、結婚している人の方が、していない人よりも幸福度は高くなる傾向があるということです。

もちろん結婚がすべてではありませんし、独り身でも孤独を感じていない人や幸福度の高い人はいます。

たとえば、ドイツやノルウェー、デンマークなどの国々では単身世帯数はすでに4割近くになり、日本以上の割合です。ただし、こうした国々で孤独が社会問題とされていないのは、これらの国では、人々が友人や知人、同僚、隣人などと付き合う時間が多く、多様な人間関係が構築されているからです。

しかし、日本はそうではありません。2005年にOECD（経済協力開発機構）がさまざまな国の社会的孤立の状況を調査しました。そのうち、普段、友人や同僚、コミュニティの人などと「ほとんど付き合わない人」の割合を調べたところ、OECD加盟国の平均は6・7％でしたが、日本では15・3％もいました。つまり、**日本人の6人に1人が、まったく人付き合いをしていない**ということです。これはOECD加盟国中、もっとも高い数字です。

オランダが2・0％、アメリカが3・1％、フランスが8・1％などを考えると、やはり日本人の孤独化は深刻な状態だと言えるのではないでしょうか。

また、日本人は他国の人に比べて「ソーシャル・キャピタル」が低いというデータもあります。

ソーシャル・キャピタルは、「社会関係資本」とも呼ばれ、友人や知人と付き合っているか、地域のコミュニティやクラブ活動などに属しているか、近所の人と話をしているかなど、どのくらい人間関係や社会活動があるかを示すものです。

ソーシャル・キャピタルが豊かな人は幸福度が高いという研究結果もありますし、ソーシャル・キャピタルの豊かさと健康の間には相関関係があることも数多くの研究で明らかになっています。

ですから、別に結婚しなくてもいいし、結婚以外にいろいろな形の付き合い方があってもいいと思いますが、やはり、どこかで誰かとつながっている方が幸せになるということです。

特に、40～50代の独身男性の幸福度は突出して低い傾向があります。

孤独を抱える人は、日中の疲労感や眠気が強い傾向があるだけでなく、睡眠の質も低下することが研究から明らかになっています。心の状態が悪くなると健康リスクが高まり、勉強や仕事などのパフォーマンスや創造性も低下します。

先ほど弱いつながりの話をしましたが、恋人やパートナーや友人以外にも、職場の同僚やコミュニティの仲間、隣人や地域の人とのつながりも、孤独から抜け出すためには重要です。

結婚しなくてもいいし、一生独身でもいいけれど、できることなら信頼できる友人や知人、仲間、隣人、パートナーを作って普段から大切にしましょう、ということなのです。

親の気持ちがわからないという人へ

若い世代にとって人間関係の大きな存在といえば、親でしょう。

たまに若い世代と話をしていると「親と合わない」「家族の関係性が悪い」と言う人がいます。特にティーンエイジャーは親に反発を感じやすい時期かもしれません。

本来は、親同士の仲がよく、また親子の仲がいい方が幸福度は高くなる傾向があるため、家族仲がいいのが一番ですが、親も人間ですから、ついひどい言い方をしてしまったり、お互いの性格や考え方が合わなかったり、衝突することもありますよね。

中には親がウザすぎて尊敬できない、と言う人もいます。


でも、親を尊敬できないのは、すべて親のせいなのでしょうか。

私はこうした話を聞くたび、親子がわかり合えない原因は親と子の両方にあるのではないかと思います。もちろん、さまざまな親子関係があって一概に言えませんが、子どもが親の気持ちをわからないのは親が悪いせいだけではないと思うのです。

勉強しなさいとか、何時までに帰りなさいなどと口うるさく言うのは、本来、親が子どものことを思うからでしょう。少なくとも、親はそもそも子どものことを大切に思っているはずだということは理解してほしいと思います。特に幼少時は育てるのも大変ですが、危険のないように世話をして育ててくれたということは、いくら親が嫌いだとしても、理解してほしいのです。

その上で、やっぱりどうしても自分の親を許せないと思うなら、お互いに無理をしていても精神的に苦しくなるだけですから、少し距離を置いた方がいいでしょう。

時々、大人になってからもずっと親を許せないという人や、親と絶縁する人もいますが、そこまで大ごとになる前に少し距離を置くほうが賢明でしょう。

物理的に距離を置くのが難しいなら、最低限のこと以外は口をきかないという手もあります。そして自立できるようになったら、すぐに家を出る。お互いの距離が近すぎるから、すぐに口論になってしまうのです。そういう時は少し距離を置いてお互いに気持ちを落ち着かせ、関係性を見直してみる必要があります。

また、人間は憎悪の気持ちが強い時には、相手の悪い部分だけをクローズアップしてしまいがちです。

以前、「子どもの頃に親が一度も遊んでくれなかった」と言っている人がいましたが、親御さんと話をしてみたらそんなことはなく、小さな頃はよく遊んでいたそうです。今の怒りの感情によって、悪い部分だけが強調された記憶にすり替わってしまっているのでしょう。

そもそも**人間の脳は、ポジティブなことより、ネガティブなことをより強く記憶するように**できています。同じ失敗を繰り返さないようにという危機回避能力によるものですが、やはり嫌なことばかり覚えていると幸せは感じにくいですよね。

このように、心の中に憎しみの感情がある時は精神的に辛いだけでなく、認知が歪んでしまったり、そのことばかり考えてはイライラしたりモヤモヤするなど、生産性も低くなってしまいます。

そんな時は、自分の中の憎しみから距離をとることです。

憎しみに任せて相手や自分を責めるのではなく、**「今、自分はイライラしているな」と、まずはイライラした自分を認めてあげる**のです。これは認知行動療法という心理療法でも使われている方法ですが、感情的になっている自分を客観視することで冷静になる効果があります。

まずは、「どうしてこんなに自分は怒っているのか」とか「まだまだ腹わたが煮えくり返っているな」と自分の心の状態を明確にします（認知する）。それから6秒間、深呼吸をしてぐっと我慢します。

どんなに激しい怒りでも感情のピークは6秒間程度といわれていますから、6秒間我慢すれば、衝動的な行動を起こしにくくなるのです。

何か行動するのは、煮えくり返った感情が静まってからです。怒りが静まっていないのに衝動的に動いたり言ったりすると、さらにまずいことになって人間関係が悪化してしまいます。腹が立ったら、まずは腹が立ったという事実を認めることです。

このように、自分の中の感情を客観的に眺めることを「メタ認知」といいます。「メタ」には「上の」とか「超える」といった意味がありますが、自分の感情を一つ上のステージから俯瞰するということです。

メタ認知ができるようになると自分を客観視できるため、感情をコントロールしやすくなるだけでなく、視野が広がります。視野が広くなると、自分という人間は何が得意でどんな強みがあるかがわかるようになり、自分を深く知ることにつながります。

一方、自分の感情だけにとらわれていると視野が狭くなり、「自分はなんて不幸なんだ」としか感じられません。そしてますます不幸になっていきます。

メタ認知も、練習によってだんだんできるようになっていきます。第５章の１６８ページにその方法を載せていますので、ぜひトライしてみてください。

利他なんて偽善？

このように、なんだかうまくいかないという時は、自分の中にある感情を冷静に見つめることが大事です。その上で、自分の中にあるポジティブな感情の方に焦点を当ててみましょう。

たとえば「ありがとう」などの感謝の気持ちです。

「ありがとう因子」の部分（54ページ）で紹介したように、人は周りの人や環境に感謝すればするほど幸福度が高くなりますが、幸福度の高い人に「感謝しているものは、どんなことですか？」と聞いてみると、家族や同僚、友だち、ペットなどはもちろん、近くのお店の店員さんや家の周りの草花、太陽など、いろいろなものが出てきます。自分に意地悪をしてきた人を感謝の対象として挙げている人もいますし、まるで世の中すべてのものに感謝しているような人もいます。

一方、幸福度の低い人からは、感謝するものがまったく出てきません。確かに「感謝」というとちょっと重く感じるかもしれませんから、「ありがたい」と思うくらいの気持ちでいいのですが、そう言ってもなかなか出てこない。これも紙に書き出すワークをしないとわからない、という人も多いようです。

このワークも第５章の１５９ページに載せていますので、ぜひ試してみてください。自分の中の「ありがたい」に気づくと、毎日穏やかに暮らせるようになるはずです。

「利他」も幸せの条件の一つです。

利他というのは他人のために尽くすことや、他人に利益を与えることですが、別に我が身をなげうたなくてもいいし、大金を寄付しなくてもいいのです。

笑顔で「こんにちは」と挨拶する。ちょっとしたことに「ありがとう」「助かったよ」と感謝する。ゴミがあったら拾う。こうしたことも、相手の気持ちに寄り添い、周囲に配慮していますから、利他的な行為といえます。数多くの研究によると、**利他的な人の幸福度は高く、利己的な人の幸福度は低い**ことが知られています。

ただ、こういう話をすると、よく「利他なんて偽善だ」と言う人がいます。

特に若い世代には、正しいことをするのは恥ずかしいと思う人もいるようです。

まあ、道徳の授業みたいに「人に優しくしなさい」とか「ゴミを拾いなさい」なんて言われるのは嫌だと思う気持ちもわかります。私も若い頃は自分が成功して名を上げることを目指していましたから、どちらかといえば利己的でした。

でも、「他人に親切にした方が幸せになる」のは統計的な事実です。実際にゴミを拾った方が幸せになるし、人に優しくした方が幸せになるし、つながりと感謝を満たしたら幸せになれるのです。


その際には、心の底から湧き上がるような利他心や親切心がなくても大丈夫です。

それを示すような実験があります。

集団を2つのグループに分け、一方のグループには自分のために20ドルを使ってもらいました。もう一方のグループには、他人のために20ドルを使ってもらいました。

その後、両方のグループの幸福度を調べてみると、他人のために使ったグループの方が、幸福度が高かったのです。

つまり、**無理やり利他的に振る舞うだけでも、幸福度は上がる**ということです。


その意味でも、ボランティア活動はおすすめです。

さまざまな立場や年齢、職業の人が集まっていて弱いつながりができるだけでなく、誰かを幸せにするための社会貢献をしているので、さらに幸せになります。

「社会貢献活動に関わっている人は幸せ」を証明するような調査結果もあります。内閣府の経済社会総合研究所が行った「若年層の幸福度に関する調査」（２０１０〜２０１１年）です。

この調査では、何らかの社会貢献活動に関わっているのか、関わりたいけれども、今は関わっていないのか、興味がないのかを質問し、それと同時にそれぞれの幸福度も調査した結果をまとめました。

その結果、もっとも幸福度が高かったのは、「既に活動に関わっている」人でした。その次が「関わりたいと思うが、どうすればいいかわからない」人。そして、もっとも幸福度が低いのは「興味がない」人でした。

皆を幸せにするためにも、そして自分が幸せになるためにも、ボランティア活動に関わった方がいいということです。


偽善だっていいじゃないですか。

少なくとも「偽善だ」と非難して何もやらない人より、他人に優しくできる人がいれば、その人の周りは幸せになります。そういう人が増えていけば、社会はずっと良くなっていきます。

たとえ偽善から始めたことであっても、人に優しくすれば周りの人は幸せになるし、あなた自身も幸せになれるのです。

第5章　幸せを育むためのレッスン

幸福度は自分で高められる

これまで、幸せとはどんな状態で、何が必要かを見てきました。最後の第5章では、あなたが幸せになるためのレッスンをまとめました。誰でもすぐに変われるわけではありませんが、続けていけば効果が見られることは学術的に検証済みの方法ばかりです。

ただし、無理は禁物。やりたくないと思う時はやらなくてもいいし、今やれることだけをやればいい。たくさん載せているので、やりたいと思うものだけ選んでください。また、やろうと思っていたことができなくても、自分を責めないことです。

前にも言ったように、高い山頂だけを見ていると辛くなってしまいます。自分の足元を見ながら、一歩一歩、確実に歩みを進めていきましょう。

ワーク❶　書くだけで変わり始めるハッピー・エクササイズ

最初のワークは、幸せの４つの因子を書き出すワークです。

次ページからの各項目について、書き出してみてください。質問に答えて埋めていくだけで、あなたは変わり始めるはずです。

これは１人でもできますが、家族や友だちなどと対話しながら行うと、より効果的です。その場合、話を聞く人はなるべく質問をして対話を重ねてみてください。その対話から、新しい気づきが生まれることでしょう。

１人で行う際はすぐに答えを書くのではなく、「他にもないかな」とゆっくり時間をかけて振り返ってみてください。きっと自分の心の中にある幸せに気づくことができるでしょう。

☆やってみよう因子

（1）あなたがこれまでにやり遂げたことはどんなことですか？

記入例／空手を10年続けた、毎日ジョギングした、文化祭のリーダーをした、検定に合格した　など

（2）あなたの強みは？

記入例／いつも前向き、整理整頓ができる、自分で予定を立てて行動できる、本をよく読む　など

（3）今、頑張っているのはどんなことですか？

記入例／部活、英語の勉強、一日8000歩以上歩く、週に1冊本を読む、悪口を言わない　など

（4）あなたの夢や目標はなんですか？

記入例／海外で仕事する、社長になる、ゲームで稼いで暮らす、愛のある家庭を作る　など

☆ありがとう因子

（5）あなたが今、感謝していることは？

記入例／育ててくれる両親、仲良くしてくれる友だち、ペット、今日も平和に生きられたこと　など

（6）誰かの喜ぶ顔を見るためにやっていることはありますか？

記入例／甥っ子と遊んであげる、親の手伝い、後輩に優しくする、部活で頑張る　など

（7）あなたが人と接する時に大切にしていることは？

記入例／人の嫌がることを言わない、笑顔で接する、なるべく話を聞く、自分のペースを保つ　など

☆なんとかなる因子

（8）嫌なことがあった時、気持ちを前向きにするためにやっていることは？

記入例／人に話す、日記に書く、運動する、風呂に入って早く寝る、美味しいものを食べる　など

（9）苦手だけど、頑張って挑戦していることは？

記入例／英語の勉強、人前で話す練習、株や投資の勉強、日記をつける、漢字の試験　など

（10）いつかチャレンジしてみたいことは？

記入例／世界一周旅行、海外留学、美術を学ぶ、好きな人に告白する　など

☆ありのままに因子

（11）人と比べず、自分の個性を生かしてやっていることは？

記入例／毎日のファッション、ダンス、ボランティア活動、ブログでの情報発信　など

⑿ もっと自分らしさを発揮できそうなことは？

記入例／人の目を気にせずに絵を描く、トランペットを吹いてみたい、生徒会で発言する　などいかがでしたか。12個の回答欄にいろいろなことを書けましたか。あまり書けなかったという方も悲観する必要はありません。時間のあるときにじっくり考えてみてください。他の方の回答を教えてもらうのもおすすめです。他の人の話を聞くうちに、自分の答えを思いつくこともあるからです。ぜひ、それぞれの欄がぎっしりと文字でいっぱいになるまで、12個の問いと向き合ってみてください。幸福度がＵＰします。

ワーク❷ 今日あった「いいこと」を3つ書き出す

次は、今日あった「いいこと」を３つ書き出すワークです。

夜、寝る前などに一日を振り返って、その日の出来事を思い出してください。そして小さなことやささいなことでもいいから、良かったことや嬉しかったこと、楽しかったことなどを3つ書き出すのです。

時々、「今日はいいことなんて1つもなかった、とても3つなんて見つからない」という人もいますが、どんなことでもいいのです。

「朝、寝坊せずに起きられた」でもいいし、「天気が良かった」とか「朝の空気が美味しかった」でもいい。

道に可愛い犬がいた、友だちと冗談を言い合って面白かった、ランチが美味しかった、手を挙げて発表できた、読んだ本が面白かった、新しいゲームの情報を手に入れた、難しいと思っていた仕事が無事に終わった、友だちに褒められた、好きな人と目が合った、今日一日怒らずに済んだ、部活で頑張った、美味しいご飯を作った、今日は親と喧嘩しなかった、ドラマが感動的だった……など、一日を振り返ってみると、意外といいことがあったことに気づくのではないでしょうか。

大きなことでなくても、小さな「いいこと」でいいのです。

「自分にはいいことなんてない」と思い込まず、眠りにつく前に今日のいいことを探すことで、自分にも小さくても幸せなことがいくつもあることに気づくはずです。

そして、このワークを続けていると、朝から自然と「いいこと」を探すくせがつくようになってきます。いいことを3つ見つけるのも簡単になっていきます。

つまり、**あなたの中の幸せを見つける能力が高まっていく**ということです。自分の身近な幸せに気づくことから幸せは始まるのです。

言いかえると、私たちは日頃、「悪いこと」ばかり覚えているくせがついています。失敗した、叱られた、けんかをした、などいやなことは覚えておいて対処しないと、また悪いことが起ってしまいますから、脳は、いいことよりも悪いことをより覚えておくようにできているのです。だからこそ、一日の終わりに、「悪いこと」でいっぱいの頭の中を一度リセットして、「いいこと」で満たすことによって、幸福度が高まるのです。

☆今日あった「いいこと」を3つノートに書き出す

ワーク❸　感謝できることを3つ書き出す

次は、自分の身の回りにある「ありがたいと思うこと」を書き出すワークです。

140ページでも触れたように、人は自分の中にある感謝やつながりに気づくと、幸福度が高くなります。ワーク❷の「いいこと」と少し似ていますが、「今、自分が感謝していること」や「ありがたいと思っていること」を書き出してみてください。

以前、私の研究室で主催するワークショップに来ている3人の女性に、LINEのグループを作ってもらい、そこに毎日「3つの感謝」を挙げてもらったことがあります。

1か月ほど続けると、3人とも「毎日が穏やかに過ごせるようになった」と報告しました。そして1年後、1人は目標にしていた役職に昇格し、もう1人は旦那さんとの関係性が良くなったそうです。3人目の方も精神的に穏やかになり、周りの人との関係性が良くなったと報告しています。

感謝は、幸せのためには欠かせません。自分の中の感謝に気づくことでよりポジティブになり、人生に対する満足度が高まるのです。

感謝することがないという人のために、私の例を少しだけ挙げておきます。

私は毎日、あらゆるものに感謝するのが習慣になっています。以下の例のように、ほんの少しでもありがたいと思うことでいいのです。

・朝、起こしてくれるスマホのアラームに感謝。今日も寝坊しないで済んだ。
・今日もよく眠れた。暖かい布団と心地よい枕に感謝。
・毎日、朝食を作ってくれる家族、本当にありがとう。
・今日もご飯が美味しかった。農家の皆さん、ありがとう。

・目を覚ましてくれるコーヒー、いつもありがとう。
・道ばたの木や草が美しい。毎日、心を癒してくれてありがとう。
・晴れ渡った空に感謝。深呼吸すると、清々しい気分になれます。
・通勤する人たちに感謝。皆が頑張って働いているからこそ社会が動いています。
・通学する子どもたちや学生など、これからの未来を作ってくれる存在に感謝。
・駅の売店の女性、電車に乗る直前の数秒でガムを売ってくれてありがとう。
・満員電車では皆、苦しいのに文句も言わず、じっと耐えている。素晴らしい。
・時刻表通りに運転してくれる電車の運転手さん、本当にありがとう。
・仕事に励む同僚たち。皆が頑張っているからこの社会は成り立っている。感謝。
・コンビニのおばさん、いつも笑顔で挨拶してくれてありがとう。
・同僚とランチ。仕事のことで助言をくれて本当に助かった。
・電話で協力企業に感謝された。こちらこそ、刺激的な課題を与えてくれて感謝。
・サポートしてくれる秘書に感謝。仕事がスムーズにいくのは彼女のおかげ。
・研究室の大学院生が興味深い研究を教えてくれた。ありがたい。

こんなふうに挙げ出したら、きりがありませんよね。感謝する対象は、小さなものから大きなものまで、目を向ければいくらでも出てきます。

そもそも私が今、元気に生きていることを思うだけで幸せな気分になります。産み育ててくれた両親、周りにいた親戚たち、一緒に遊んだ友人たち、私を叱ってくれた人たち、励ましてくれた人たち。過去から現在まで、私たちは多くの人に支えられて生きている。そう思えば、感謝することは数え切れないくらいあるはずです。

はじめは想像力を駆使して感謝するものを挙げていくうち、脳が勝手に感謝するものを探すようになっていきます。

そして感謝の気持ちが芽生えると、脳内には「幸せホルモン」といわれるセロトニンやオキシトシンが分泌されます。これらが分泌されると不安や怒りが和らぎ、物事を前向きに捉えられるようになったり、優しい気持ちになったりするのです。

つまり「ありがたい」と思う気持ちこそ、幸せへの入り口なのです。ぜひ、あなたが感謝するものを挙げてみてください。

☆感謝できることを3つノートに書き出す

ワーク❹　ネガティブ・ポジティブ反転ワーク

次は、自分の強みを見つけるための「ネガティブ・ポジティブ反転ワーク」です。自分の強みを知っていて、自信を持てると幸福度が高くなります。しかし、多くの人が「自分には強みなんてありません」と言います。

でも、本当にそうでしょうか？　どんな人も個性や特徴がありますが、それをどう捉えるかによって、強みにもなり弱みにもなるのです。

たとえば「自分は気が弱くて、なかなか行動できない」と思っている人は、見方を変えてみれば「慎重で、よく考えてから行動する」ともいえます。**弱みの裏側に、その人の強みがある**のです。

「なかなか行動できないからダメ」ではなく、「じっくり考えて行動できる」と考えれば、自分に合った学び方や仕事を選ぶことができます。

ですから、自分の強みがわからないという人は、まず自分がダメだと思うことを挙げてみてください。それを裏返してみると強みになります。

ここでは、弱みを強みに変える例を挙げておきます。

怖がり　↓　慎重で、準備を怠らない
内向的　↓　穏やかで謙虚、集中力がある
衝動的　↓　外向的で隠しごとがない、エモーショナル
不安になりやすい　↓　物事に敏感で、想像力が豊か
考えすぎ　↓　物事の分析力が高い、ねばり強い
行動が遅い　↓　物事を熟考する、あせらない

ノリが悪い　↓　自制心が強い、我が道を行く
悲観的　↓　現実的な思考ができる、リスク管理能力がある
考えが甘い　↓　楽観的で前向き、許容範囲が広い
サボりぐせがある　↓　効率を考えて行動する、無駄なことはしない
人の目を気にしすぎる　↓　協調性が高い、配慮ができる
人と協調できない　↓　自立心、独立心が旺盛、個性があふれている
神経質　↓　物事の変化に敏感、繊細で思慮深い
傲慢な性格　↓　自分に自信がある、統率力がある
罪悪感が強い　↓　倫理観が高い、細かいところまで思慮深い
怒りっぽい　↓　正義感が強い、課題を改善できる、感情が豊か
自分を卑下してしまう　↓　謙虚
人から冷たいと言われる　↓　冷静、論理的
飽きっぽい　↓　興味が幅広く、多様なことに目を向けられる
人に寛容になれない　↓　自分の理想を大切にする、批判能力が高い

集中力がない　↓　好奇心が旺盛、気配り上手
頑固　↓　粘り強い、意思が固い
強引、威張っている　↓　リーダーシップを発揮できる
自信過剰　↓　自己肯定感が強い、巻きこみ力がある
子どもっぽい　↓　素直でオープン、純粋
無謀　↓　リスクを取れる、チャレンジ精神がある
すぐに妄想してしまう　↓　クリエイティブ、想像力が豊か
人のせいにする　↓　責任の分担をマネジメントできる
お調子者、軽薄　↓　協調性が高い、順応性が高い
計算高い　↓　現実的な思考をする、合理的、論理的
人に厳しい　↓　理想が高い、自分にも厳しい
利己的　↓　合理的、自分のメリットを考える力が強い
考えをころころ変える　↓　考え方が柔軟、環境変化に適応できる
流行に乗りやすい、ミーハー　↓　順応性が高い、行動力がある

人に心を開けない　↓　人の気持ちに敏感、注意深い
自分勝手　↓　自分なりの考えがある、自己主張できる
ご都合主義　↓　ポジティブ、時代の変化に対応できる

このように、自分の弱みよりも強みに目を向けて、良い部分をどんどん伸ばしていけばいいのです。

そして、自分の強みを見つけたら、ノートに書き出してみましょう。

1日に1つずつ挙げていけば、1か月で30個も強みが見つかりますよ。

またこうした考えが習慣化すると、他の人の強みを見つけるのもうまくなります。あの人は頑固と思えば付き合いにくいと感じるかもしれませんが、粘り強くて信念があると思えば、少しは相手を尊重する気持ちが湧いてくるのではないでしょうか。

自分の悪い点を気にするより、良い部分を伸ばしていきましょう。人の悪口を言うよりも、相手のいいところを認めましょう。悪い面よりも良い面を見ることです。

自分に対しても他人に対しても、前向きに見られる人は幸せです。

☆自分が弱みだと思っているものを、強みとして伸ばせないか考えてみる
☆自分の強みをノートに書き出してみる

ワーク❺　メタ認知で自分のイライラを受け入れる

１３９ページで一つ上のステージから自分を眺める「メタ認知」に触れましたが、メタ認知も練習することによって、自分の怒りやネガティブな気持ちを受け入れ、鎮めることができるようになっていきます。

まず、イライラや怒り、嫉妬、落ち込みなどネガティブな感情が浮かんできたら、それを押さえつけるのではなく、**「自分は今、すごくイライラしているな」**と、その

まま受け入れるようにしましょう。

さらに、怒りたくなった時は感情を爆発させる前に6秒間、深呼吸します。ひと呼吸置くことで、その間に落ち着いてメタ認知しやすくなります。

常にこうしたことを意識していると、感情のおもむくままに怒りをぶちまけることや、カッとなって衝動的に行動を起こすことは少なくなっていくはずです。

そして、メタ認知を続けていると、自分が今どう振る舞っているかをメタな視点から冷静に見ることができるようになります。つまり、自分の中で変えていきたい部分を改善していく余裕を持てるということです。

さらに、落ち込みや怒りを感じている時は原因を書き出してみるのも効果的です。これも、心の中を俯瞰するということなので、メタ認知の一種です。

その際は「親への怒りが爆発して怒鳴ってしまった」「○○にイライラして、キツいことを言ってしまう」など、事実と自分の感情を具体的に書き出しましょう。

精神的に辛い時は自分の感情が整理できておらず、心の中がモヤモヤしている状態です。自分がなぜ落ち込んでいるのか、なぜイライラしているのかがわからないと、対処方法もわかりません。

そこで自分の感情を書き出すことによって、「私はやっぱりあの人と話すのが苦手なんだな。彼女に嫉妬しているのかもしれない」とか、「あの時、先生に怒られたことをまだ引きずっていたんだ」などと、自分の怒りや落ち込みの原因がわかってきます。

それらを眺めているうちに、過去に先生に怒られたことはすでに終わったことだから今は思い悩むことはないとわかったり、一つひとつはそれほど大ごとではなかったと気づいたりします。心の中がモヤモヤしていた時にはわからなかった気づきがあるはずです。自分の心の深いところにある感情と向き合うことで、気持ちの整理をつけることができるのです。

その後は、今できる最善のことはないかを考えてみましょう。過去の出来事をただ悩み続けるのではなく、「今できること」に思考を転換するのです。ネガティブな自分の感情も受け入れて客観視することが過去の辛い思いからあなたを解放し、これからの人生を幸せにしてくれるはずです。

☆「辛かったこと」や「苦しいと思っていること」を書き出す
☆それを見ながら「今できる最善のことは何か」を考えてみる

ワーク❻　簡単にポジティブになれるワーク

これまで挙げたワーク以外にも、ウェルビーイングを高めるためのさまざまな方法があります。

たとえばアメリカのノースウェスタン大学のユディット・モスコビッツ教授がポジティブ心理学会で指摘した「ポジティブ感情を高める方法」は以下のようなものです。

☆ポジティブなイベントに気づく
☆ワクワクするようなイベントを企画する
☆感謝を忘れない
☆心静かに瞑想する
☆ネガティブな過去のことを、ポジティブに捉え直す
☆自分の強みにフォーカスして、達成可能なゴールを設定し、追求する
☆ゴールを遠く大きく設定しすぎると挫折しがちなので、まずは身の丈に合ったゴールを目指す
☆常に親切な行動を心がける

この他にも自然や動物と触れ合う、美味しいお茶を飲む、好きなものを食べる、ジョギングする、リラックスできる音楽を聴く、作品作りなど創造的な体験をする……など、幸せになる行動はいろいろ考えられますが、個人差がありますので、自分がど

んなことをすると幸せになるかを知っておくといいでしょう。

この他にも、科学的に実証されているポジティブになる行為を挙げておきます。

☆口角を上げる、笑顔になる

34ページでも触れましたが、有名な研究結果に「口角を上げると、楽しい気分になる」というものがあります。口角を上げると脳内に「幸せホルモン」と呼ばれるセロトニンが分泌されて楽しいと感じるようになり、免疫力も上がると言われています。

無理にでも笑顔を作ることで、気持ちも前向きになるということです。

また、口角を上げるだけよりも、実際に笑うことで幸福度はもっと高くなります。声をあげて笑うと副交感神経が優位になってストレスホルモンの分泌が減少するためストレスが和らぎ、免疫力もアップするのです。なるべく笑顔で過ごしましょう。

☆上を向いて胸を張る

上を向くとポジティブな気分になり、反対に下を向くとネガティブな気分になるという心理学の研究結果があります。

また胸を張ると、胸をすぼめるよりも幸福度が上がるという研究もあります。

確かに落ち込んでいる時は自然と顔がうつむき加減になり、肩もしぼみがちです。

私も研究室の学生たちと2週間、やや上を向いて歩く実験をしてみました。その結果、気分が高揚し、リフレッシュするという意見が多く出ました。

特に晴れた日の青空は見ているだけでセロトニンが分泌されるといわれています。

☆大股で歩く

歩き方に気をつけるだけでも幸福感はアップします。

アメリカのフロリダ・アトランティック大学の研究によれば、上を向いて大股で歩くと幸せな気分が高まることがわかりました。大股で腕を大きく振り、顔をしっかりと上げて歩くように言われたグループは、下を向いて小さな歩幅で歩くように言われたグループに比べて幸福感が高くなったといいます。

このように、顔や身体で元気なふりをしていると、私たちの脳はそのように錯覚するのです。まずは笑顔で胸を張り、上を向いて大股で歩いてみましょう。

☆大きな声で挨拶をする

挨拶をしようがすまいが、声が大きかろうが小さかろうが、幸せには関係ないと思う人も少なくないかもしれません。

ところが、挨拶をする人は幸せ、元気に大きな声で挨拶をする人はさらに幸せ、ということが知られています。

すがすがしい挨拶は、あなたとまわりの人を幸せにするのです。ぜひ、元気に挨拶してみてください。

☆呼吸を意識する

怒りや緊張を感じている時の呼吸は浅くなっています。そういう時は深い呼吸に変えましょう。まず肩の力を抜いてから息を深く吐き、ゆっくり息を吸い込みます。吸うことよりも、深く吐くことを心がけてください。

☆ネガティブワードをやめる

私は人に何かを伝える際、ネガティブな表現を使わないように意識しています。相手の自己肯定感が下がってしまうからです。

たとえば「〜しなさい」という命令形を「〜しよう」という提案に変えるとか、「○○はダメ」ではなく、「こうしたら、もっと良くなるんじゃない?」と言い換えるなど、ちょっとした言葉の工夫で相手の気持ちも大きく変わってきます。

また、自分に対しても「でも」「だって」「どうせ」といったネガティブな言葉が口ぐせになっていると、気持ちが後ろ向きになり、幸せを逃してしまいます。

意識すれば、日常生活でもほとんどネガティブワードを使わずに済みますから、「でも」「だって」「どうせ」などの言葉が浮かんできたら、いったん気持ちをリセットして、それを前向きな言葉に変えてみるようにしてください。

ワーク❼ 相手の気持ちになってみるワーク

ここからは、やや上級編になります。

他人の気持ちを洞察したり、客観的に物事を理解するために行われる心理学の技法に、誰かの役割を演じる「ロールプレイ」があります。

たとえば、以前ある会社の研修で行ったのは、部下と上司の役割を反対にするロールプレイでした。

その時、参加者の中にものすごく怖い上司として知られている人がいました。そこで部下の１人が「申し訳ありませんが、いつもの○○さんの怒り方を再現します」と言いながら、怒っている上司の真似をしてみせたのです。すると、それを見た上司は「こんな言われ方をしたら、確かに嫌だよなあ……」と反省して、その後の態度が改善したそうです。

他者が自分の行為を真似したのを見て、メタ認知ができたのでしょう。

このロールプレイは同僚以外にも、恋人同士や友だち同士などでも行うことができます。

また、基本的にロールプレイは複数でやるのがお勧めですが、1人でもできます。

1人ロールプレイです。

たとえば、自分と喧嘩をした相手の身になって、相手の「言い分」を紙に書き出してみます。自分に嫌なことを言った相手の身になって考えてみるのです。

それによって、「あの子も寂しかったのかな」とか「辛い思いをしていたのかもしれない」などと想像することができるかもしれません。

さらに、1人で行なうものに「エンプティチェア」という方法もあります。

椅子を2つ向かい合わせて置き、まず片方の椅子に座って、誰か1人の人を思い浮かべます。そして、その人に対する不満や思いを話します。

次に、反対側の椅子に移り、今度は先ほど思い浮かべた相手になりきります。そして、その人があなたに対して普段思っているであろうことを話すのです。

このように、１人２役をこなしながら何度も意見をぶつけ合います。

まるで１人で遊んでいるようですが、この方法は意外と効果があって、相手の席に座った瞬間に相手の気持ちがわかるようになるという人が多いようです。

相手の視点から自分を見ることで、普段は考えなかった相手の言い分が見えてくるのでしょう。

ただし、前にも言った通り、ロールプレイやエンプティチェアは上級編です。

相手のことを想像しただけで心が辛くなるという人は、決して無理をしないでください。どのワークもそうですが、できなかったら無理をしてやらなくてもいいのです。

☆相手の身になって、相手の「言い分」を想像してみる

ワーク❽　理想的な自分を思い描く

最後のワークは、理想的な自分を思い描くことです。

自分はどんな人間になりたいのか、どんな人生を生きたいのかと考えることから、幸せへの道は始まります。

そして、こんな自分になりたいと思い描いたら、そのように振る舞ってみましょう。リーダーらしくなりたいなら、「リーダーらしい自分」を演じてみます。前向きで楽観的な人になりたいなら、「前向きで楽観的な自分」を演じてみます。

人間というのは、そのように振る舞っているうちに、だんだん板につくものなのです。私自身、大学進学時に積極的でポジティブな人になりたくてそのように振る舞っているうちに、実際に積極的でポジティブになっていきました。

教育心理学の分野に「ピグマリオン効果」という言葉がありますが、人は期待されると、その通りの成果を出すという傾向のことです。

このワークは、まさにその自分版です。自分が「変われる」「できる」と思えば、変われるのです。

脳科学でも「頭に思い描いたことは実現しやすい」ことが実証されています。「自分はできる」「きっとうまくいく」「自分は大丈夫！」と、ポジティブな言葉を自分に言い聞かせるのも効果的です。ポジティブな思い込みが、人生を前向きに変えてくれるのです。

言い換えれば、「どうせ」「だって」「自分なんて」とネガティブな言葉ばかり使っていると、それが脳にすり込まれます。ネガティブな思い込みが人生を後ろ向きに変えてしまうのです。

ポジティブとネガティブ。どちらを選ぶかはあなた次第です。

☆理想的な自分を思い描き、そのように振る舞う

——さて、これまでいくつかのワークを見てきました。

この他にも瞑想やウォーキング、アートなど、ストレスを和らげ、レジリエンス（回復力）を高める方法はありますが、自分がうまくいきそうな方法を探すことが大切です。

そして、今は完璧にできなくても大丈夫です。人と比べる必要もありません。自分のペースで今できることから始めればいいのです。

少しでもいいのでまず始めてみれば、あなたの視野は前向きに大きく広がっていくはずです。そして着実に幸せに向かっていくはずです。

何より大事なことは、今の自分を信じること。うまくいかなくても、今の自分を否定しないでください。幸せの山頂は高くとも、まずは一歩ずつ足を踏み出すことを考えましょう。登るルートも、登るスピードも、あなた次第です。１人で道を行く日も

あれば、皆で冗談を言い、励まし合いながら坂道を登る日もあるかもしれません。そうして一歩一歩歩いていくうちに、いつか必ず頂上にたどり着くのです。

本書を手に取ってくださったあなたは、幸せに向けてすでに最初の一歩を踏み出しています。それぞれの頂上を目指して、楽しみながら進んでいきましょう。

おわりに

この本は、若い世代に向けて幸せの大切さを伝えたいという思いから書いたものです。いかがでしたか？　幸せな人生を歩んでいくヒントを見つけられましたか？

私がこの本で何より皆さんに伝えたかったのは、すべての人が素晴らしいポテンシャルを秘めている、ということです。

これは科学的に証明されているわけではありませんが、これまで約20年間、幸せの研究をしてきた結論として、そう思わずにいられません。

なぜなら、「自分は幸せになって社会をもっと良くしたい」とか「創造性を発揮して活躍したい」という前向きな思いのある人がどんどん伸びていく姿を、これまでにたくさん見てきたからです。そして、「どうせ自分なんかダメだ」と言っていた人がそのまま伸び悩んでしまう姿もたくさん見てきました。

大事なことは、人と比べて優秀かどうかではありません。自分の良さを見つけて、それを伸ばせるかどうかです。

人と比べたら自分の成績に落ち込むこともあるかもしれませんし、競争に負けて挫折することもあるかもしれません。でも、多様な強みというところまで拡張してみれば、すべての人にそれぞれの素晴らしさがあるのです。そして、すべての人の素晴らしさをいかせる社会になれば、日本の未来も世界の未来も明るいはずです。

本文でも書いた通り、今の日本では多くの人が自信を失っています。成長に対する閉塞感が日本全体を覆い、日本はこれから衰退していくのだといった予測記事もよく見かけます。

しかし、私はそんなことはないと思っています。

日本は教育のインフラも充実していますし、国民性も基本的に真面目で勤勉です。長い歴史や独自の文化があり、伝統工芸・伝統芸能から最新技術まで、幅広くそろっています。もっと自分たちに自信を持ってもいいのではないでしょうか。

また、ＡＩによる翻訳機能の向上などによって言語の壁がなくなっていけば、より多くの人が海外の市場を相手に活躍できるようになるはずです。インターネット市場でも、今はＧＡＦＡ（Google・Apple・Facebook・Amazon）が圧巻していますが、オンラインで人と人がより緻密につながる時代になれば、日本人特有の器用さや思いやりをもっと発揮できるのではないかと思います。

未来がどうなるかは私たちの考え方次第です。たとえば、日本の課題とされる超高齢化社会も、良い面に注目すれば、以下のような見方ができます。

まず、高齢者は若い人よりも幸福度が高い傾向にあることが知られています。歳をとると脳の働きが変化して細かいことが気にならなくなり、不安が減っていく傾向があるのです。ですから、超高齢化社会になるということは、幸せな人が増えることだと捉えることもできます。

もちろん、経済の稼ぎ手は減るので、若い人たちの負担は増えるでしょう。しかしそれも楽観的に捉えれば、これまでの社会的インフラの蓄積やテクノロジーの進化によって、後の世代になればなるほど生活は便利になっていきますし、イノベーティブな革新を起こしやすくなるという側面があります。

超高齢化社会という新しい市場に世界で最初に突入する日本は、ある意味では他の国々をリードしている存在です。ここで力を発揮できれば、そのノウハウを世界各国が求めるようになるはずです。

一方で、「いや、そんなにうまくいくはずがない。日本は30年間うまくいっていなかったんだから」と悲観的に捉える人もいるでしょう。日本の悪い面に注目すれば、国際競争、環境問題、パンデミック、紛争などの激動の中で、さらに沈んでいくという想像もできなくはありません。

もちろん、どうなるかは誰にもわかりません。将来は楽観も悲観もできるのです。これからは、私たちの知恵の出し放題と考えるのか、それとも終わりと考えるのか。「できる」と思える人が多ければ多いほど、日本の未来は前向きに変わっていくでしょう。頭に思い描いたことは実現しやすいのですから。

そして思い出してください。幸せな人の創造性は3倍も高いということを。

だから、日本の将来を決めるカギは、実は私たちが幸せかどうかにかかっていると も言えるのです。この本を読んだあなたが「そうは言っても、やっぱり難しいよね」と思うのか、それとも「よし、やってみよう」と思うのか。一人ひとりの前向きな思いが、日本の未来を変えていくと私は信じています。

それから、未来の話をすると、AIが人間の仕事を奪うといった悲観的な見方をする人もいますが、これももっと楽観的に考えられますよ。

人間が辛いと思う仕事をAIが代わりにやってくれるおかげで、人間は創造的で愛のある人間らしい仕事に専念できるようになるということなのです。

ただ、これからは人間らしさや創造性が求められるようになるため、ロボットのようにマニュアル通りの仕事しかできない人は危機感を持った方がいいのは事実です。仕事をAIが代わりにやってくれるので、職場では、やる気のない人の仕事は、減っていくでしょう。

これも先ほどの話と同じですよね。やる気や創造性を思う存分出して頑張ろうと考えるのか、どうせＡＩに仕事を奪われると考えるのか。すべては考え方次第です。

そういえば、33年前の平成元年（１９８９年）、世界時価総額ランキングのトップ10に日本企業が何社入っていたかご存じですか？

７社ですよ。今はＧＡＦＡはじめ、シリコンバレーの企業がトップ10をほぼ独占していますが、当時は日本の会社が７社も入っていたのです。

時は移り、２０２２年に日本企業で一番ランキングが高いのはトヨタ自動車の31位です。30年でこんなに落ちてしまいましたが、当時の日本企業にアメリカ企業は追いついて抜き去ったわけですから、30年後にまた日本が挽回していることがあってもおかしくありません。30年後にどうなっているかは誰にもわからないのです。

また、トップ10に入らなくても、北欧のように小さいけれど豊かな国になっているかもしれません。これから創造的な企業や学校をたくさんつくっていって、皆が幸せになる社会へ変えていくこともできるはずです。

皆がやろうと思えば、皆が変えたいと思えば、変えられるのです。

大きな経済成長を期待しにくい時代こそ、自分たちのこれからをじっくり考え、制度を整えるべき時期とも言えます。

本来の日本が持つ、和の心や礼儀正しさ、繊細さ、思いやり、技術力、アイデア。そうした強みや良さを生かして誇りを持って生きていける時代がやってくることを、私は心から願っています。過渡期の今は、いろいろな歪みが溜まって、自分に自信がない人が増えたり、企業や学校などで無駄が増えたりもしていますが、いつかそうしたものも払拭され、皆で自信を持って前向きに生きていける時代になっていくはず。工学者、そして幸福学の研究者である私としては、やはりポジティブに前へ進んでいく道を信じたいのです。

これからの時代を生きるあなたも、ぜひ自分の心を見つめてみてください。自分にはどんな強みがあるのか、どんな人生を送りたいかを、じっくり考えてほしいのです。

そして、どうかこれからの人生を、めいっぱい楽しんでください。

大丈夫。あなたの強みを見つけて伸ばしていけば、きっと幸せに生きていけます。

ここで、本書のタイトルでもある『幸せな大人になれますか』という質問にお答えしましょう。

はい、きっとなれます。

あなたがあなたらしく、自分を信じて強みを伸ばし、ここにいることに感謝して生きていけば、まちがいなく幸せな大人になれるでしょう。

2022年8月

前野隆司

前野隆司（まえの・たかし）

慶應義塾大学大学院システムデザイン・マネジメント研究科教授。同学ウェルビーイングリサーチセンター長。
1962年山口生まれ、広島育ち。84年東工大卒、86年同修士課程修了。キヤノン株式会社、カリフォルニア大学バークレー校訪問研究員、ハーバード大学訪問教授などを経て現職。著書に『幸せのメカニズム』『幸せな職場の経営学』『ウェルビーイング』など多数。

帯イラスト　藍にいな
デザイン　TYPEFACE　構成協力　真田晴美
販　売　竹中敏雄　宣　伝　細川達司
編　集　下山明子

小学館 YouthBooks

幸せな大人になれますか

2022年10月3日　初版第一刷発行

著　者　前野隆司
発行人　下山明子
発行所　株式会社 小学館
〒101-8001 東京都千代田区一ッ橋 2-3-1
電話　03-3230-4265（編集）
03-5281-3555（販売）

印刷・製本　大日本印刷株式会社

ISBN978-4-09-227289-7